初中生毒品预防教育读本

CHUZHONGSHENG
DUPIN YUFANG JIAOYU DUBEN

主　编

张晓春

陈　静

广西教育出版社

南宁

图书在版编目（CIP）数据

初中生毒品预防教育读本 / 张晓春，陈静主编. --
南宁：广西教育出版社，2020.5（2022.9 重印）
ISBN 978-7-5435-8738-0

Ⅰ.①初… Ⅱ.①张… ②陈…Ⅲ.①禁毒 – 初中 –
课外读物Ⅳ.①G631

中国版本图书馆CIP数据核字（2020）第048505号

策划编辑：张星华
责任编辑：张星华　黄　璐
责任校对：杨红斌
封面设计：杨　阳

出　版　人：石立民
出版发行：广西教育出版社
地　　　址：广西南宁市鲤湾路8号　　邮政编码：530022
电　　　话：0771-5865797
本社网址：http://www.gxeph.com
电子信箱：gxeph@vip.163.com
印　　　刷：广西壮族自治区地质印刷厂
开　　　本：787mm×1092mm　1/16
印　　　张：5.5
字　　　数：71千字
版　　　次：2020年5月第1版
印　　　次：2022年9月第3次印刷
书　　　号：ISBN 978-7-5435-8738-0
定　　　价：25.00元

前　　言

　　预防教育是禁毒工作的治本之策。《全国青少年毒品预防教育规划（2016—2018）》要求根据青少年生理和心理特点，遵循和把握教育规律，以校园为重要阵地开展毒品预防教育，通过普及禁毒知识，提升在校生防毒拒毒的能力。

　　当前毒品形势复杂，禁毒任务艰巨，呈现境内与境外毒品问题相互交织、传统与新型毒品危害相互交织、线上与线下毒品犯罪相互交织的严峻形势，这都对毒品预防教育提出了更高的要求。

　　2019 年，国家禁毒委发布《关于加强新时代全民禁毒宣传教育工作的指导意见》（以下简称《指导意见》），要求把禁毒宣传教育置于禁毒工作优先发展的战略位置，把禁毒宣传教育的重点放在提前介入、主动预防上，遵循教育教学规律，遵循学生认知规律，有针对性地开展毒品预防教育。

　　根据《指导意见》的要求，我们结合小学、初中、高中在校生的认知能力，量身打造了这一套青少年毒品预防教育读本。我们根据不同年龄段学生的心理行为特点，将毒品的定义、毒品的特征、毒品的危害、个人生活习惯与吸毒行为的关系、禁毒相关的法律知识以及拒绝毒品的有效措施等内容融入读本。读本中既有专业的毒品防范知识，又结合大量相关案例加以探究学习，并注重从青少年的视角出发，首次在毒品预防教育中增加了易导致涉毒的越轨行为、标签理论等心理学知识。这套读本追求形式灵活、内容实用、设计科学、资料准确，旨在帮助小学、初中、高中在校生提升对毒品危害的认知，远离毒品。期待这些知识能够帮助同学们获得绿色无毒的健康人生。

本套读本分为小学、初中、高中三册。另配套一册《毒品预防教育教学指南》，专为中小学开展毒品预防教育量身打造，既有开展毒品预防教育的通识内容，又有教案样例和教学设计。在编写过程中，因时间紧迫、水平有限，书中难免存在谬误之处，望广大读者和专业人士批评指正。

编者

2019 年 12 月

目 录

第一课
"进化"的毒品（一）

说到毒品，不少人会觉得它离我们很遥远。其实，我们很可能在不经意间接触到毒品。同学们做好防范毒品、抵制毒品的准备了吗？

某天中午，初中一年级学生陈某从学校回到家中，就坐在客厅沙发上。陈某的母亲在厨房里忙着做午饭，突然听到扑通一声，就看到陈某从沙发上跌落到地上，手脚抽筋、口吐白沫。

家人赶紧拨打120急救电话，出诊医生认为这是吸毒过量的体征。几个小时的紧张抢救，也没能挽回陈某的生命。经县公安局民警检验，陈某曾吸食毒品氯胺酮（俗称K粉），医院也诊断他是过量吸食K粉而导致呼吸循环衰竭以致死亡的。

陈某是父母唯一的孩子，是爷爷奶奶唯一的孙子，年仅14岁就被毒品夺去了生命，这对一家人都是巨大的打击。陈某的母亲一直觉得毒品是离自己生活特别遥远的东西，但没有想到，因为关注不到位，毒品竟夺走了自己儿子的生命。

☞ 毒品到底是什么？我们怎样判断某种东西是不是毒品？怎样才能避免错食、误食毒品呢？

知识库

《中华人民共和国禁毒法》第二条规定：毒品是指鸦片、海洛因、甲基苯丙胺（冰毒）、吗啡、大麻、可卡因，以及国家规定管制的其他能够使人形成瘾癖的麻醉药品和精神药品。

截至2019年8月，我国精神药品品种共包含150种。其中，第一类精神药品为68种，第二类精神药品为82种。此外，自2015年起，我国加强对新精神活性物质等非药用类麻醉药品和精神药品的列管。至2019年底，已经列管非药用类麻醉药品和精神药品170种及芬太尼整类。精神药品和麻醉药品在非法使用时会被认定为毒品，非药用类精神药品和麻醉药品在没有作为医疗目的生产和使用时，也被认定为毒品。

毒品的种类很多，我们先从分类来了解它们吧。

一、毒品的分类

毒品种类繁多，范围很广，分类方法也不尽相同。

1. 从毒品的来源看，可分为天然毒品、半合成毒品和合成毒品三大类

（1）天然毒品是直接从毒品原植物中提取的毒品，如鸦片、大麻。

（2）半合成毒品是由天然毒品与化学物质合成而得的毒品，如海洛因、吗啡。

（3）合成毒品是将几种化学物质用有机合成的方法制造而成的毒品，如冰毒、摇头丸、K粉等。此类毒品因为加工生产不再依靠毒品原植物，不再需要遵循植物生长周期，生产加工更简单，距离人们也更近。

2. 从毒品对人中枢神经的作用看，可分为抑制剂、兴奋剂和致幻剂

（1）抑制剂能抑制中枢神经系统，具有镇静和放松作用，如阿片类毒品。

（2）兴奋剂能刺激中枢神经系统，使人兴奋，如苯丙胺类毒品。

（3）致幻剂能使人产生幻觉，导致自我歪曲和思维分裂，如麦司卡林。

3. 从毒品的自然属性看，可分为麻醉药品和精神药品

（1）麻醉药品是指对中枢神经有麻醉作用，连续使用易产生生理依赖性的药品，如阿片类。

（2）精神药品是指直接作用于中枢神经系统，使人产生兴奋或抑制兴奋，连续使用能产生依赖性的药品，如苯丙胺类。

4. 从毒品流行的时间顺序看，可分为传统毒品和新型合成毒品

（1）传统毒品一般指鸦片、海洛因等阿片类，流行较早且需要依赖毒品原植物才能够加工制造的毒品。

（2）新型合成毒品是相对传统毒品而言，主要指冰毒、摇头丸等人工化学合成的致幻剂、兴奋剂类毒品。

下面，我们就从毒品流行的时间顺序和来源方面来认识毒品吧。首先认识的是传统毒品。

 知识库

传统毒品指直接从原植物中提取、加工而成的毒品，主要包括从罂粟植株加工提炼的阿片类毒品、从古柯叶加工提炼的可卡因类毒品，以及从大麻植株加工提炼的大麻类毒品。

二、阿片类毒品

阿片类毒品是从一种叫罂粟的植物中提取的。罂粟是自然界中一种有特殊生理活性的植物，花朵绚丽多彩，花瓣凋谢后会结出浅绿色的果实。在罂粟果实半成熟时，用小刀将它轻轻划破，会有白色浆液流出。这些浆液经过收集、风干后会凝固成深褐色的膏状物，这种膏状物就是鸦片。

罂粟花

罂粟果实

　　吗啡是从鸦片中分离出来的一种生物碱，粗制吗啡为土黄色，纯品为白色。目前在市场上非法流通的大多是吗啡片剂。吗啡的止痛效果比鸦片强。因此，吗啡曾被当作戒掉鸦片毒瘾的药物，但由于人服用后产生的不良反应过大，最终被定为毒品。

　　海洛因化学名为二乙酰吗啡，也是依靠罂粟才能加工生产的毒品。我国最初被滥用的海洛因来自东南亚，呈白色粉末状，因此俗称"白粉"。但近几年西亚地区生产的海洛因也流入我国，颜色有黄色、褐色、灰色等，有些地方的毒品"黑市场"把这种海洛因称为"黄粉"。中美洲加工的海洛因是黑色的，纯度不高。吸食海洛因会破坏人体的免疫系统，会对人的生殖系统、神经系统和消化系统造成严重损害，多人反复、共用注射器注射海洛因还会传播艾滋病等疾病。

海洛因粉末

人们把鸦片、吗啡、海洛因等用罂粟加工制造的毒品统称为阿片类毒品。阿片类毒品虽具有兴奋、镇痛、镇咳、催眠的作用，但滥用极易成瘾。吸食后瞳孔会缩小，血压、体温下降，皮肤发黑，呼吸缓慢而困难，身体机能紊乱，对外界反应迟钝，甚至会出现抽搐、惊厥、深度昏迷、呼吸衰竭而致死亡等现象。

吗啡（粉末）

海洛因（块状）

 知识梳理

　　最常见的阿片类毒品，如大家熟悉的鸦片、吗啡、海洛因等，都能使人产生心境改变、呼吸抑制、困倦、精神运动迟滞、言语不清、注意力不集中、记忆力及判断力受损等症状。

三、可卡因类毒品

可卡因类毒品是指从古柯叶中提取的一种白色晶状的生物碱。可卡因类毒品有强效的中枢神经兴奋和局部麻醉作用，能阻断人体神经传导，产生局部麻痹感，并可通过加强人体内化学物质的活性刺激大脑皮层，兴奋中枢神经，使人表现得情绪高涨、好动、健谈，有时还有攻击倾向。可卡因类毒品具有很强的成瘾性。

古柯植物

霹雳可卡因又叫作快克可卡因、克拉克可卡因，是可卡因与碳酸氢钠混合生产的毒品，在 20 世纪 80 年代中期就已经在美国盛行。该毒品可以被人直接吸入肺部，只需要 10 秒的时间就能让人产生兴奋。

不管是可卡因还是它的"升级版"——霹雳可卡因，吸食后都会使人心跳加快，产生强烈的兴奋感，让人具有攻击性，丧失自控能力，对大脑的刺激也非常强烈，神经受到的损伤比较难恢复，还可诱发心律失常、全身抽搐、呼吸衰竭而致死。

这类毒品价格低，而且原料简单，又比较容易制作，所以造成严重的滥用现象。近几年，我国也逐渐出现了滥用可卡因类毒品的记录。

块状可卡因　　　　　　　　　　　　　可卡因晶体

【拓展链接】

　　古柯是生长在拉丁美洲、亚洲东南部等地的灌木，外形像茶花植株，一般高 2~4 米。早在 16 世纪，西班牙探险家就注意到南美土著通过咀嚼含古柯植物叶子的制品来提神，他们把扇贝或牡蛎的壳焚烧、研碎成粉末状残渣，与古柯叶子混合，制成小球状物，晾干后咀嚼。甚至有记载，咀嚼这种小球可以让他们感觉不到饥饿和干渴，因此有"圣草"之称。

四、大麻类毒品

　　大麻是全球被滥用最多的毒品，用于生产毒品的大麻是指矮小、多分枝的印度大麻。这种植物雌雄异株，雌雄大麻开花的部位不一样，但根、茎、叶和花都能制造和提炼毒品。大麻类的毒品有大麻烟、大麻脂、大麻油以及大麻的浓缩物哈希什等。

　　吸食大麻类毒品后，瞳孔放大、脉搏加快、烦躁不安、幻想幻听、心跳加速、情绪冲动。大麻会引起神经系统紊乱，吸食大麻的人患精神病的概率比一般人高 5 倍，即使偶尔吸食也比一般人高 2 倍。

印度大麻

大麻砖

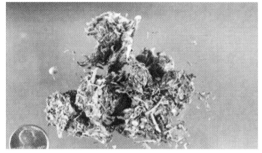

大麻烟

【拓展链接】

　　最早在中国流行的毒品是鸦片。

　　大约在 7 世纪，阿拉伯商人将罂粟种子带入中国，并开始在少数地区零星种植。宋元时期，中国文献中关于罂粟观赏、药用、食疗、治病的记载越来越多。明中叶，中国人掌握了从罂粟中提取鸦片的方法。当时的富贵阶层开始吸食鸦片以消遣娱乐。

　　雍正七年（1729 年），清政府正式发布全球第一道禁烟令，严禁吸食鸦片，吸食鸦片正式成为一种非法的行为。但禁烟令并没有阻止鸦片在中国泛滥的进程，英国相继发动了两次鸦片战争，并借助战果将鸦片大量输入中国。日本侵华时期推行毒化中国政策，在其占领地广泛种植罂粟，制造鸦片、吗啡、红丸等毒品，并大肆贩卖给中国人吸食，鸦片几乎给有五千年历史的中华民族造成灭顶之灾。

虽然清政府、国民政府都曾经开展过大规模的禁烟运动，但都没能根治烟毒。中华人民共和国成立后，中国共产党和中央人民政府在全国范围内开展了禁烟运动，仅用三年时间，就一举扫除了贻害中国两百多年的烟毒，创造了世界禁毒史上的奇迹。

20世纪80年代，在国际毒潮的侵袭下，毒品再度在中华大地上蔓延，我们措手不及地展开与毒品的战争。20世纪90年代，以海洛因为代表的传统毒品一度成为危害社会的罪魁祸首。1998年5月至7月，我国举办了以"珍爱生命，拒绝毒品"为主题的全国禁毒展览。这次展览不仅提高了整个社会对毒品问题的认知度，而且极大地推动了禁毒工作进程，是新中国禁毒史的里程碑。

第二课
"进化"的毒品（二）

　　前面我们认识了几种主要的天然毒品和半合成毒品。天然毒品和半合成毒品因为要依靠毒品原植物才能够加工和提炼，所以加工生产要遵循毒品原植物的生长规律。下面我们来认识合成毒品，这是用多种化学制剂就能制造出来的毒品，不再受季节的限制，加工生产更容易，而且种类繁多，制毒者只要在化学分子式上稍加改动，毒品就会以新的面目出现。这类毒品传播范围很广，离青少年更近，需要我们提高防范意识和抵御能力。

　　14岁的丁丁因为连续两次数学月考没发挥好，被同学嘲笑、家长唠叨。丁丁很是苦恼，看题目是自己熟悉的，不知道为什么考试的时候总是想不出该怎么解答。成绩下降让丁丁出现了注意力不集中、情绪低落的状况。

　　妈妈发现丁丁的变化后，十分着急，通过网购找来了一种"聪明药"让儿子服用，听说这种药能让孩子变聪明，快速提高学习成绩。不料服用了两个月，丁丁开始性情大变，原本性格温和的他在期末考试前突然打伤同学。老师叫来丁丁的妈妈，经过详细了解发现，丁丁不寻常的举动可能跟"聪明药"大有关系。妈妈带着丁丁跑了几家医院，最后在脑科医院检查确认，丁丁是患上了苯丙胺药物依赖。原来，网购的那些"聪明药"其实是一种刺激中枢神经的兴奋剂，它的主要成分含有苯丙胺，即毒品"摇头丸"的主要成分之一。"聪明药"近年来被一些初高中生私下使用，希望以此提高学习能力，但该药其实是一种披着保健品外衣的兴奋剂，是一种新型合成毒品。

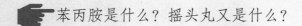 苯丙胺是什么？摇头丸又是什么？

 知识库

　　早在2002年，国家禁毒委员会就向全国发出了预警：人工合成毒品（新型毒品）的迅速蔓延已成为世界性问题，它对我国社会的危害将大大超过传统毒品。2016年我国合成毒品滥用规模居世界首位。根据《2016

年中国毒品形势报告》，在现有的 250.5 万名吸毒人员中，滥用合成毒品人员 151.5 万名，占 60.5%；滥用阿片类毒品人员 95.5 万名，占 38.1%；滥用大麻、可卡因等其他毒品人员 3.5 万名，占 1.4%。

根据出现年代的不同和制作工艺的差异，人们习惯把毒品分为传统毒品和合成毒品，摇头丸、冰毒等苯丙胺类毒品都是新型合成毒品。下面我们就来了解一下常见的新型合成毒品。

一、冰毒

冰毒学名甲基苯丙胺或甲基安非他明，是一种具有神经中枢兴奋作用的人工合成的化合物，极易成瘾，大剂量使用可以一次成瘾。其外观为无色透明结晶体，晶莹剔透，形似冰，故被吸毒者、贩毒者称为"冰"（Ice）。作为毒品用时多为粉末状，也有液体与丸剂。地下毒品市场多见的各种颜色片剂，是添加香精色素制成的。

冰毒晶体

冰毒的滥用者多采用静脉注射，注射后极易导致精神病状，表现出活动过度、情感冲动、妄想、偏执，出现幻觉，在妄想支配下的滥用者可出现冲动自杀或杀人的暴力行为。药力过后，会出现极度衰竭和抑郁的状态，也有因严重抑郁的而自杀者。

冰毒只是苯丙胺类毒品中的一种，这类毒品都是以苯丙胺这个化学结构为母体衍生出来的。冰毒的"母体兄弟"还有 3,4- 亚甲二氧基苯丙胺（MDA）、3,4- 亚甲二氧基甲基苯丙胺（MDMA）、3,4- 亚甲二氧基乙基苯丙胺（MDEA）等。

【实验记录】

在中国药物依赖研究所，科研人员给一只大鼠注射了相当于一般滥用者使用量十分之一的冰毒，大鼠出现了颤抖、竖尾、炸毛、惊跳等中毒症状，几分钟后，大鼠出现了不停转圈的刻板行为。

一般人吸食冰毒 15 分钟至 2 小时后，会开始出现兴奋状态，具体表现为心跳加快、心律失常、精神亢奋、不安、震颤、惊厥、刻板行为（即反复机械性地重复一个动作）等症状。一次用药 20 毫克以上就会出现头痛与不安等症状，精神方面表现为好斗、妄想、精神错乱和精神分裂。

【滥用事例】

有一个女孩，在刚刚吸食完冰毒时会强迫性地拿着抹布去擦地板，反反复复可能要擦几十遍，没完没了。

一名戒毒人员说，人在吸食完冰毒后会变得特别小心眼儿，比如说四个人一起"溜冰"（吸食冰毒），其中一个人和另一个人聊天，第三个人就不乐意，总感觉这两个人在聊自己。另一名戒毒人员这样说道："吸食完冰毒后心里头好着急，只要遇见不顺心的事情就会非常急眼。"

某市某小区一居室内曾经发生一场惨烈的枪战，开枪者是两名吸毒人员，两人因吸食冰毒而产生了强烈幻觉，神志不清，怀疑被人监视，竟互相开枪对射了 40 余发子弹，双方相继中弹受伤。

在冰毒中添加氯胺酮后制成的片剂被称为"麻古"，也是滥用比较多的苯丙胺类毒品，"麻古"是泰语的音译。服用麻古会使人精神极度亢奋，而中枢神经系统、血液系统的极度兴奋会大量消耗人的体力并降低免疫力。长期服用麻古会导致情绪低落及疲倦、精神失常，损害心脏、肾和肝，严重者甚至死亡。

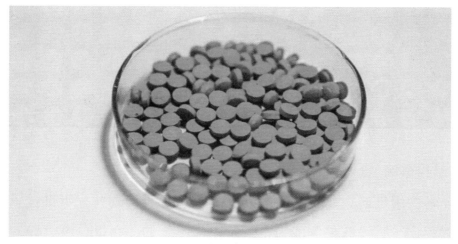

麻古片剂

二、摇头丸

摇头丸是具有致幻作用的苯丙胺类毒品，也是人工合成的兴奋剂。这种毒品在传入我国初期，被一些疯狂的舞迷滥用。服用后表现为活动过度、感情冲动、性欲亢进、偏执、妄想、自我约束力下降，以及出现幻觉和暴力倾向等。

摇头丸其实也是冰毒的"同母兄弟"，MDMA是摇头丸最主要的有效成分。摇头丸形状多样，五颜六色，大多制作成印有不同文字或图案的小药片，服用摇头丸20~30分钟后会产生幻觉，警惕能力降低，感情冲动，焦虑感降低，恶心，体温会显著升高。有的人会变得激动不安，甚至出汗打战。MDMA使用者也会出现晕眩、视线模糊、高血压、恐慌等症状，会产生刻板的不规则行为，即会不停地摇头。

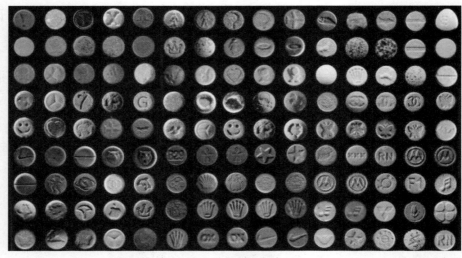

各种各样的摇头丸片剂

【滥用事例】

　　一名食用过摇头丸的戒毒人员说："就着那种药劲儿，听见音乐，自己就摇起来了，没有控制能力，就是不知不觉的，心里也没想摇，但就是止不住，有的时候就感觉身体不是自己的，感觉脖子都不是自己的。"由于MDMA有兴奋和致幻双重作用，在药物的作用下，用药者的时间概念和认知会出现混乱，表现出超乎寻常的活跃，整夜狂舞也不知疲劳，但疲劳是确确实实存在的，只是这些人已经感觉不到了。另一名食用过摇头丸的戒毒人员说："只要吃一片摇头丸，就能从晚上12点钟聊到第二天早上6点钟，聊一个晚上。"

　　在某市一家夜总会发生过一起服食摇头丸致死的事件。一名21岁的女孩因为连续吃了两颗摇头丸，跳舞不止，直到身体衰竭而死。即使食用者仅仅吃一片，MDMA产生的不良反应也会持续几天到一周的时间，会让人产生悲伤、焦虑以及记忆困难等症状。在药物的影响下，吸食者即使是做熟练的事情（比如开车），也会变成一种潜在的危险。

　　三名服食过摇头丸的戒毒人员用亲身经历告诉我们，服食摇头丸还会让人目光呆滞，没有食欲，睡不着觉。

三、氯胺酮

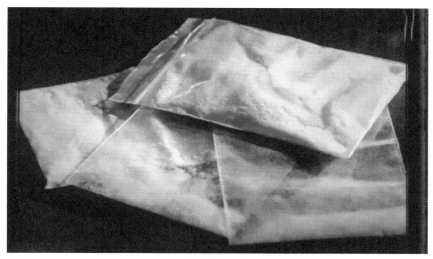

氯胺酮（K 粉）

氯胺酮，俗称"K 粉"，是化学合成的毒品，其物理性状通常为白色粉末，无臭，易溶于水，是一种很危险的致幻类毒品。氯胺酮自 20 世纪 70 年代初作为麻醉药用于临床，有的国家也把它作为一种兽用麻醉药广泛应用。氯胺酮常见吸食方式为鼻吸或溶于饮料后饮用，能刺激心血管，使人兴奋，也会使内脏萎缩，具有一定的精神依赖性，吸食过量可致死。人吸食氯胺酮以后很容易狂躁，丧失自制力，容易产生暴力倾向。氯胺酮最严重的危害是直接损害人的思维能力，连续使用会使人智力明显下降。

氯胺酮具有兴奋和致幻双重作用，滥用者往往将氯胺酮与摇头丸一起使用。服药开始时身体瘫软，一旦接触到节奏奔放的音乐，便会条件反射般剧烈扭动，手舞足蹈。氯胺酮可使人产生感觉与意识分离的效果，感觉器官似乎是相通的，有听到颜色、看见声音的错觉，也会产生运动功能障碍和潜在的致命呼吸障碍。

【滥用事例】

一名吸食过氯胺酮的戒毒人员说:"打(氯胺酮)的量少,走路都得扶墙。打(氯胺酮)的量多就直接'飘'过去了。"滥用氯胺酮还会让人产生强烈的性冲动,易引发不当性行为,所以又被称为"迷奸粉"或"强奸粉"。滥用氯胺酮会导致十分严重的后遗症,轻则神志不清,重则可以使中枢神经麻痹,继而丧命。有两名曾吸食过氯胺酮的戒毒人员说:"(吸食氯胺酮后)记忆力减弱,反应有点慢,今天吃的什么饭,第二天想半天都想不起来,健忘到了那种地步。"

四、三唑仑

三唑仑,别名"海乐神""酣乐欣",淡蓝色片剂,是常用的有效镇静催眠药之一,也可用于治疗焦虑及神经紧张等疾病。口服后可以迅速使人昏迷晕倒,昏迷时间可达 4~6 小时。三唑仑可溶于水、酒及各种饮料,常会被别有用心之人掺入饮料中,让人在不知情下服用毒品。因此,三唑仑俗称"迷药""蒙汗药"或"迷魂药"。服用的人在昏睡期间无任何知觉,醒来后出现精神恍惚、头晕目眩、神志不清、记忆力下降等症状。

五、安眠酮

安眠酮又称"海米那""眠可欣""甲苯喹唑酮",是一种淡灰色、褐色或白色的粉末。临床上适用于各种类型的失眠症,多次使用可成瘾,在 20 世纪 80 年代我国临床上已停止使用。少量服用安眠酮后会有一种发麻的轻松感,让人产生困倦的感觉,出现反应迟钝、感觉模糊不清的症状,同时也会使人情绪忧郁和注意力难以集中,与酒精同时服用能增强药效,使人产生幻觉。大剂量服用则引起胸闷、恶心、烦躁不安、四肢麻木、谵语、昏迷，最后呼吸衰竭而死。

六、LSD

滴在纸片上的 LSD

LSD 是麦角二乙胺的简称，是用麦角酸合成的一种强烈的精神类药物。纯品为白色结晶体，药力很强，服用前需先混合其他物质。混有 LSD 的液体常被滴在吸墨纸、方糖、玩具、邮票等物上用以吸食，亦被做成注射剂或雪茄。LSD 是已知药力最强的迷幻剂，极易被人体所吸收，具有较强的滥用倾向，滥用后可造成精神和行为的改变。长期或大量服用麦角二乙胺，除了会使记忆力受到损害，还会出现抽象思维障碍，并且有相当严重的毒副作用，会大量破坏细胞中的染色体。

人吸食 LSD 以后会产生各种各样的幻觉，失去方向感，以及辨别距离和时间的能力。一粒 LSD 药丸会使人产生 12~14 小时的幻觉，甚至导致身体严重受伤或死亡。在某省曾经发生过一起跳楼事件：一名商人因为在酒店吸食新型毒品 LSD 后，产生幻觉，从窗户跳楼身亡。

七、GHB

GHB

GHB 俗称"液体迷魂药""G 毒"，在香港又叫作"fing 霸""迷奸水""G 水"，服用后会令人不停地点头或陷入无意识状态，极度眩晕，没有方向感，并发生呕吐。由于它可轻易地溶于饮料，受害人几乎都是在不知情下食用的，之后也经常不记得曾经遭受攻击，因而被美国禁毒署（U. S. DEA）列为三大迷奸药之一。

知识库

伪装的毒品

毒品不仅种类多，还常常被套上各种漂亮的外包装，即被伪装成别的东西，有的被伪装成香烟，有的被伪装成奶茶、咖啡、巧克力，还有的被伪装成中药丸。伪装毒品多出现在歌舞厅等娱乐场所，大家在放松娱乐的时候，如果有人突然拿出不明物品冲调让你喝，一定要小心，加强防范意识，以免沾染毒品，误入歧途，遗憾终身。

 知识梳理

上面介绍的是目前滥用较多的毒品。虽然毒品种类繁多，但主要归纳为天然毒品、半合成毒品和合成毒品三大类。我们可以通过了解每类毒品的几种主要代表来认识毒品的危害。另外，大家还需要了解吸毒的几种主要方式，以帮助我们快速识别身边可疑的吸毒人员，并及时远离他们。

吸食毒品有吸入、口服、粘贴、涂抹、注射等多种方式，但因最初滥用毒品的方式为口鼻吸入，所以习惯上将滥用毒品的各种方式统称为"吸毒"。

通过上面的介绍，大家对毒品有了初步的了解。但是你们知道吗？有些常用药也会让人成瘾呢。我们平时常用的解热、止痛、止咳类药品，虽然没有列入国家管制药品目录，但这些药品也具有特殊的生理活性。如有些感冒药中含有伪麻黄碱，这是制造冰毒的主要原料，对缓解鼻塞有特殊效果，但必须严格按医生的指导用药，而且不能长期使用；有些止咳平喘药中含有阿片、可待因、麻黄碱等易成瘾成分，在止咳平喘方面有疗效，但也须在医生的指导下用药，也不能长期使用。

 **实战演练**

1.摇头丸的最主要有效成分是（　　　　）。

A. MDMA　　　　　　　B. 氯胺酮　　　　　　C. 大麻

2.氯胺酮的俗称是（　　　）。

A.狂欢丸　　　　　　　B.K粉　　　　　　　C.快克

3.下面哪种毒品属于合成毒品？（　　　）

A.海洛因　　　　　　　B.可卡因　　　　　　C.GHB

4.K粉的化学名称是（　　　）。

A.甲基苯丙胺　　　　　B.氯胺酮　　　　　　C.麦角二乙胺

【小结】

　　同学们，这节课我们学习了部分合成毒品的知识。通过学习，我们知道了合成毒品用多种化学制剂就能制造出来，不再受植物生长周期的限制，加工生产更容易，对人体的危害也更大。

　　此外，我们还了解了吸毒的几种主要方式，大家千万不要因为听说吸毒很爽而尝试吸毒。要知道，人们在刚开始接触毒品时可能会有兴奋甚至亢奋的表现，但实际上这只是药力对人性的征服，是人们在药物的作用下提前消耗未来的精力和体力，所以吸毒的人往往会显得比实际年龄衰老。一旦被毒品诱惑，迎接你的将会是永无止境的痛苦折磨。因此，同学们要坚决对毒品说"不"。

第三课
"进化"的毒品（三）

在以海洛因、可卡因、大麻为代表的第一代毒品和以冰毒、摇头丸等为代表的第二代毒品仍旧泛滥的情况下，第三代毒品——新精神活性物质滥用的问题也逐渐凸显。

2012 年 5 月 29 日，《迈阿密先驱报》报道了一起恶性案件。

一名叫尤金的男子，在某天下午 1 时 55 分左右赤身裸体，沿着某路出口匝道的人行道行走。监控录像拍到他在立交桥下阴凉的地方停顿了一下，一辆自行车从他身边经过时，他转了下身。接下来的两分钟，他与另一个人在接触，但画面恰好被旁边的棕榈树挡住。过了一会儿，他把躺在地上的罗纳德弄到阳光下，开始扒罗纳德的衣服并疯狂啃他的脸。在尤金袭击罗纳德的过程中，多人向警方报案。

在袭击发生 16 分钟后，迈阿密警方抵达现场，果断开枪制止尤金的袭击行为，但尤金仿佛失去痛觉似的，对打入体内的子弹毫无反应。在别无选择的情况下，警官唯有再次扣下扳机，第二枪、第三枪……直到尤金倒在地上一动不动为止。

经法医检验，尤金是服用了新精神活性物质"浴盐"，导致急性中毒失去理智，袭击了路人。

👉 新精神活性物质到底是什么？怎样才能避免误食新精神活性物质呢？

 知识库

新精神活性物质，又称"策划药"或"实验室毒品"，是不法分子为逃避打击而对已经管制的毒品进行化学结构修饰，从而得到的毒品类似物。这些类似物具有与管制毒品相似或更强的兴奋、致幻、麻醉等效果，已成为继传统毒品、合成毒品后全球流行的第三代毒品。

联合国毒品与犯罪问题办公室对新精神活性物质的定义是：未被国际禁毒公约管制，但存在滥用，并会对公众健康带来威胁的物质。新精神活性物质不仅"新"，而且比传统毒品的传播范围更广，危害更大。

一、新精神活性物质的分类

目前全球90个国家报告发现的新精神活性物质，从来源上分，可以分为七大类。

（一）合成大麻素类

合成大麻素是一系列具有类似天然大麻素作用的人工合成物质。吸食合成大麻素能产生比天然大麻素更为强烈的兴奋致幻感，这直接导致合成大麻素类毒品的迅速蔓延，已成为新精神活性物质中涵盖物质种类最多、滥用也最为严重的一类毒品。

毒性：一般认为它们的成瘾性和戒断症状类似天然大麻，长期吸食会引发心血管系统疾病以及精神错乱，同时也存在致癌的风险。

物理性质：该类制品多以香料、花瓣、烟草、电子烟油等形态出现，代表制品包括"小树枝""香料""香草烟"等。

滥用方式：合成大麻素类物质一般被喷涂在植物碎末表面，制成植物熏香用于吸食，而且往往是多种合成大麻素混合使用，这使得它们的成瘾性和危害性更难以判断，相关的研究也很有限。

（二）卡西酮类

卡西酮是一种在阿拉伯茶中发现的一元胺生物碱，化学上与之相似的有麻黄碱、阿拉伯茶碱和其他安非他明。卡西酮能引起多巴胺释放，可能是使阿拉伯茶产生刺激性影响的原因。人工合成的卡西酮也经常被作为消遣性毒品的重要成分，在美国通常被叫作"浴盐"。

毒性：历史上，一些卡西酮类药物曾用作抗抑郁和抗震颤麻痹的药物，但最终都由于成瘾和滥用的问题而被停止使用。吸食卡西酮类物质能导致类似甲基苯丙胺的兴奋作用和类似麦角二乙胺（LSD）的致幻作用，同时还伴有心动过速、血压升高等反应。同时，由于卡西酮类物质通过血脑屏障进入神经中枢的能力较弱，滥用者往往会加大用量并持续吸食以获得预期的兴奋感，从而导致更为严重的大脑损伤。目前报道的滥用此类药物导致精神错乱、自残及暴力攻击他人的案例已有很多。

物理性质：卡西酮类物质已达上百种，常以"浴盐""植物肥料""除草剂""研究性化学品"等名称伪装出售，多是粉末和片剂。

滥用方式：吸食方式以口服为主，也有鼻吸、注射、混合饮用等方式。

（三）芬太尼类

芬太尼属于阿片类物质，芬太尼类新精神活性物质均为芬太尼的衍生物，是人工合成的具有强效麻醉性的镇痛药，药理作用与吗啡类似。

目前有报道的芬太尼类新精神活性物质约60种，我国禁毒部门已列管了卡芬太尼、呋喃芬太尼等芬太尼类物质品种达25种，涵盖国际禁毒公约管制的全部芬太尼类物质。

毒性：吸食芬太尼类新精神活性物质的不良反应是瘙痒、恶心、呼吸抑制。由于此类物质药效较强，极少量的摄入即可对人体造成伤害乃至危及生命，美国已出现上万起滥用芬太尼类物质致死案例。

（四）苯乙胺类

苯乙胺类新精神活性物质主要包括苯丙胺衍生物、2,5-二甲氧基苯乙胺衍生物两类。在低剂量摄入后，它们主要产生类似吸食苯丙胺类药物的兴奋作用；在高剂量摄入后，则产生类似吸食麦角二乙胺（LSD）和麦司卡林的强烈致幻作用。长期滥用该类物质导致精神错乱的案例也已有出现。

滥用症状：该类物质具有兴奋能力强、持续时间长的特点，一次大量使用会导致心动过速、血压上升、肝肾功能衰竭等急性中毒症状，甚至可能引发抽搐、脑中风致死。长期滥用则会导致多巴胺能神经元发生退行性病变，使滥用者精神错乱，出现妄想和抑郁等症状。

滥用方式：苯乙胺类物质已达上百种，多是粉末口服；2,5- 二甲氧基苯乙胺的衍生物类毒品一般吸附于类似邮票的纸片上含食。

（五）哌嗪类

哌嗪类新精神活性物质一般为苯基哌嗪或苄基哌嗪的衍生物。与甲基苯丙胺、MDMA 等药物相比，该类药物的兴奋和致幻作用比较温和，但持续时间更长。

滥用方式：多是片剂和粉末，主要通过口服吸食。我国在片剂毒品中检出过哌嗪类新精神活性物质，其外形和标识与 MDMA 片剂十分类似，据称吸食后的感觉也与其接近。

（六）色胺类

色胺类新精神活性物质是一类具有致幻作用的化合物，吸食后能使人体产生强烈的幻觉。

滥用方式：色胺类物质是"零号胶囊"的主要成分，以胶囊、片剂、粉末、液体等多种形式出售，以口服、鼻吸、抽食、注射等多种方式吸食。

（七）植物类

植物类新精神活性物质主要包括恰特草（Khat）、卡痛叶（Kratom）、鼠尾草（Salvia divinorum）。

1. 恰特草

原产于非洲及阿拉伯半岛，主要活性成分为卡西酮，具有兴奋和轻微致幻作用。由于卡西酮易降解，恰特草一般是以新鲜的植株出售，但也有出售干叶子和酒精提取物的。吸食方式一般是咀嚼恰特草的叶子和嫩芽，也可用来沏茶。

2. 卡痛叶

原产于东南亚，主要活性成分为帽柱木碱和 7- 羟基帽柱木碱，具有类似吗啡的麻醉作用。卡痛叶的新鲜叶子一般是用于咀嚼，干燥叶子的粉末一般是口服或煮茶。

3. 鼠尾草

原产于墨西哥，主要活性成分为二萜类物质，具有强烈的致幻作用。鼠尾草一般以种子或叶子出售，但也有卖液体提取物的。鼠尾草的新鲜叶子一般是咀嚼，或是捣碎冲泡饮用，干叶子以抽烟的方式吸食。

二、新精神活性物质的危害

上述各类新精神活性物质滥用的社会危害性十分严重。尽管此类物质出现时间较短，成瘾性和长期生理损害有待深入研究，但其社会危害已日益显现。

（一）滥用成瘾

新精神活性物质同许多合成毒品具有类似之处，成瘾性极强，其成瘾和慢性中毒的主要表现特征是滥用时的中枢神经兴奋和戒断后的中枢神经抑制交替出现。新精神活性物质的上瘾机理和毒品是一样的，即对中枢神经的破坏，直接作用于中枢神经，直接破坏人神经元的稳定，如同激发了大脑中的某一块安静区域，在平静的湖面上激起了涟漪。

（二）损害健康

新精神活性物质所导致的健康损害包括对神经系统、心血管系统和精神等多方面的损害。从现有的案例中可以发现，多种新精神活性物质混合加工成的"新型毒品"，在滥用后极容易导致吸毒者急性过量中毒，甚至来不及进行抢救。因此，这些新精神活性物质对人体的损害丝毫不亚于过去的传统毒品和合成毒品。

新精神活性物质对人直接的影响就是导致吸食者精神错乱，诱发恶性暴力案件。卡西酮类、苯乙胺类以及色胺类物质均有致幻作用，大量吸食后可能引起偏执、焦虑、恐慌、被害妄想等反应，甚至导致吸食者精神错乱，进而自残或暴力攻击他人。

新精神活性物质还会诱发各类疾病，甚至导致死亡。吸食新精神活性物质常见心动过速、血压升高、肝肾功能衰竭等急性中毒症状，甚至引发抽搐、休克、脑中风而死亡。

 实战演练

1. 下列哪项属于合成大麻素类的新精神活性物质？（ 　 ）

A. "小树枝"　　　　　　B. 甲基苯丙胺　　　　　　C. 海洛因

2. 卡西酮是在哪一种茶中发现的一元胺生物碱？（ 　 ）

A. 铁观音　　　　　　　B. 阿拉伯茶　　　　　　　C. 红茶

3. 下面哪种毒品属于新精神活性物质？（ 　 ）

A. 海洛因　　　　　　　B. 可卡因　　　　　　　　C. "浴盐"

4. 下面哪项是植物类新精神活性物质？（ 　 ）

A. 狗尾巴草　　　　　　B. 恰特草　　　　　　　　C. 车前草

5.判断正误：新精神活性物质具有与管制毒品相似或更强的兴奋、致幻等效果，已成为继传统毒品、合成毒品后全球流行的第三代毒品。（   ）

A.正确   B.错误   C.不一定

6.判断正误：卡西酮类、苯乙胺类以及色胺类新精神活性物质均有致幻作用。（   ）

A.不一定   B.错误   C.正确

【小结】

　　新精神活性物质同样会作用于人体中枢神经，引发兴奋、抑制、致幻等效果，与毒品无异。由于新精神活性物质变化多端，更新很快，且绝大多数未被列管，制造者、贩卖者会钻法律的空子来制造、贩卖。

　　要远离毒品、远离新精神活性物质，我们在生活中首先要做到拒绝一切宣称有提神、快乐、兴奋、快感等"功效"的不良物品；同时还要与给我们上述不良物品的"朋友"保持距离，因为这份"赠予"很有可能毁掉我们的一生。庄子说："嗜欲深者天机浅。"一个人的欲望太多就必然缺乏智慧和灵性。为了让我们能够实现梦想，获得美好的人生，就得适当控制不恰当的欲望，避免物质成瘾。

第四课
毒品有多毒

　　同学们，前面三课我们了解了传统毒品、合成毒品和新精神活性物质的相关知识，并且学习了毒品的常见种类。很多人在网络上或禁毒宣传片里都看过吸毒人员不知疲倦地机械重复相似动作，以及吸毒人员神志不清肇事肇祸的视频资料。可见，毒品对个人和社会都会带来危害。现在，我们就系统地了解一下毒品的危害吧。

　　某戒毒所一戒毒学员吸食的毒品是 MDMA。这是一种摇头丸，具有兴奋和致幻双重作用。在药物的作用下，用药者的时间概念和认知会出现混乱，表现出超乎寻常的活跃，整夜狂舞，不知疲劳。他说："吃一片摇头丸，能从晚上 12 点摇到第二天早上 6 点，摇一个晚上。"虽然疲劳是确确实实存在的，但是吸食摇头丸的人在药力的作用下已经毫无知觉，他们会过度消耗自己的精力和体力，所以吸毒人员看起来比同龄人显得衰老。

　　19 岁的女孩安娜，初中开始吸食毒品，毒龄超过 5 年，智商一度跌至 78，到达正常与智力障碍的临界线。虽然后来戒毒成功，但智商也只能回升至 83（一般人的智商为 110 左右），现在只能修读简单的印刷技术课程，但遇上加减算术，只要涉及两位数字，都要靠数手指来计算。

　　西德·巴雷特曾是美国著名摇滚乐队平克·弗洛伊德的主唱，他创造了一种与以往美国摇滚乐不同的新时代声音，使这支乐队创造了许多奇迹。但他却因过量服用 LSD 导致大脑严重受损，出现精神障碍，频繁在演唱会上出现语无伦次甚至言行失常的现象。

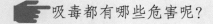 吸毒都有哪些危害呢？

一、吸毒对个人的危害

　　有些人为了减肥而吸毒，但通过吸毒达到的减肥效果是不可控的，长期吸毒的人确实会变得非常消瘦，但这种消瘦是皮包骨头的消瘦，是憔悴的消瘦，没有任何美感。

吸食毒品会严重摧残人的身体，破坏人体的正常生理机能和新陈代谢，并导致机体免疫力下降，易患多种疾病，会出现极度消瘦、老化明显等状况，如果吸毒过量还会造成突然死亡。

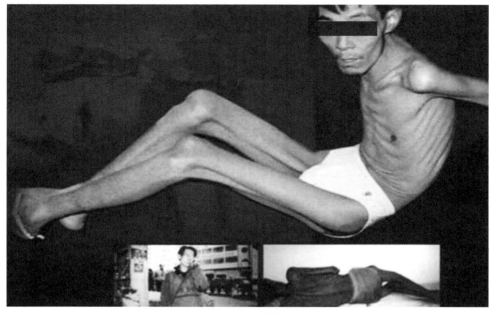

吸毒者的身体变化

从前面的案例，我们了解到吸食毒品会对人的脑部造成不可逆损伤。什么是脑部不可逆损伤？吸毒为什么会导致脑部不可逆损伤呢？

人体大脑皮层约有 140 亿个神经细胞，还有广泛和复杂的神经元，吸食毒品会对大脑皮层造成损伤。通过由顶部往下的脑影像图可以观察到，正常人的大脑皮层是完整的，而吸毒者的大脑皮层会遭到破坏，出现"破洞"，并且随着吸毒年限的增长，大脑皮层的"破洞"会越来越多。下面是正常人脑部由顶部往下方向的脑影像图。

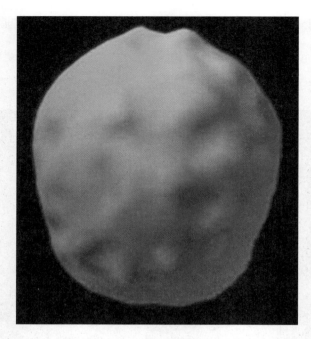

下面是一个 28 岁、有 8 年冰毒滥用史的吸毒人员的脑影像图，他的大脑皮层已经出现多个破孔。

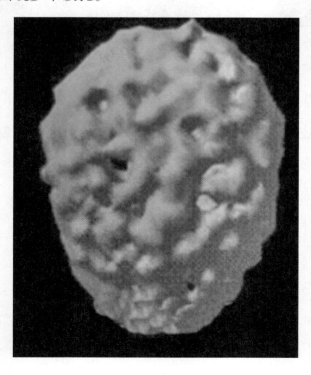

下面是一个 40 岁、有 10 年海洛因滥用史的吸毒人员的脑影像图，他的大脑皮层出现了更多的破洞。

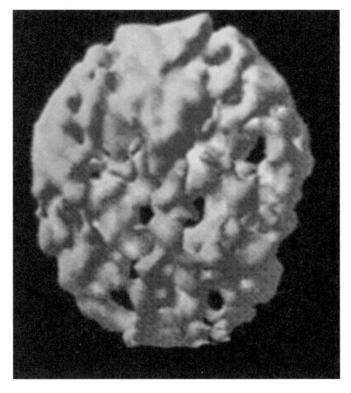

　　每吸食一次毒品，人的大脑皮层上就会形成一处水泡，水泡破裂后，就留下一处疤痕。许多长期吸毒的人，大脑皮层上可谓"千疮百孔"。一旦达到大脑的承受极限，就会发展为精神疾病。

　　研究认为，人的大脑在 18 岁时仍在生长发育，30 岁左右才达到成人状态，而青少年吸毒对脑部造成的损伤未必能在戒毒后逆转。认知能力受损的人很难集中精神，记忆力也严重受损，因而青少年吸毒会严重影响大脑对知识的吸收和学习，更会对往后的人生造成严重影响。而且大脑受损的人，往往再也不能获得深度睡眠，睡眠质量将大大下降。毒品的药力作用还会使吸毒者出现幻听、幻视等症状。

【探究学习】

　　这是一起惨烈的凶杀案。嫌疑人黄某在吸食冰毒后回家，与父母发生口角，在冰毒所致的偏执、幻觉作用下用刀刺中父亲腹部及左肩背部，导致其父心脏破裂死亡。随后黄某又继续追杀母亲，其母跪下求饶后才放弃杀母。警察接到报案赶到现场，黄某仍然精神恍惚，尚未从毒品所致的药力作用中清醒过来。

 知识库

　　吸毒导致的精神病在吸食合成毒品的人群中尤为突出。据浙江省统计，登记在册的 5 万名合成毒品的吸食者当中，就有 2 万多名患有不同程度的精神障碍，其中有 80% 已经确诊为精神病患者，他们在毒品戒断 10 年后所患的精神病仍有可能复发。

　　不同的毒品进入体内，都会产生毒副反应和戒断症状，会导致体内重要系统及器官受损，导致疾病，如急慢性肝炎、肺炎、败血症、心脏病、肾功能衰竭、各种皮肤病、脑损伤和中毒性精神病等。毫无疑问，合成毒品对大脑的严重损害，就是导致吸食者出现毒驾、自残、自杀和杀人等异常行为的元凶。

　　通过前面的案例和之前对毒品知识的学习，我们了解了毒品给个人带来的危害有以下几个方面：

　　（1）吸毒会摧残个人健康，不仅损害脏器功能，还会导致幻听、幻视、失眠等不同程度的精神障碍。

　　（2）吸毒会造成脑部不可逆损伤，对个人情绪控制、精神状况都造成严重影响，甚至会产生迫害妄想、精神分裂等症状。

（3）吸毒会导致人体的免疫功能低下，使人容易患上肝炎、皮肤病等传染性疾病，吸毒后的亢奋引发的滥交使吸毒人员容易感染艾滋病等传染性疾病。

二、吸毒对家庭的危害

俗话说：一人吸毒，全家遭殃。吸毒不仅会对个人造成严重影响，也会给家庭带来深重危害。

【探究学习】

一位新生儿的母亲吸毒七八年，生产前几个小时还在注射毒品，儿子出生不到一个小时就出现毒瘾发作的症状。躺在病床上的他时不时打哈欠，四肢不停地抽搐，面部表情十分痛苦，特别是当有人触碰时，新生儿就抽动得更厉害。医生说，没人碰他时，他每隔二三十分钟就会发作一次，时间持续一分钟左右，发作频率非常高。医生诊断该新生儿患了"海洛因依赖症"。

某吸毒人员在吸食冰毒后出现了强烈的被害妄想，随即挟持妻子和女儿开车逃亡，途中连撞数车后又将妻子刺伤。合成毒品强烈的毒性使这位平时视女儿为掌上明珠的父亲劫持了自己不满三岁的亲生女儿，警方在和他对峙了三个小时后，才成功地把孩子解救出来。

20岁的苟某与吸毒人员兰某一同找苟父要钱吸毒，苟父对儿子的行为十分厌恶，拒绝给钱。苟某一怒之下便和兰某围着父亲一顿暴打，兰某又拿起铁锤砸苟父头部致其死亡。苟某遂伙同兰某一起把尸体埋到自家院内的垃圾堆下，还将家中的3000元现金拿走并宣称外出打工。案发后，苟某被依法逮捕，兰某此时因吸毒过量已死亡。

吸毒者在自我毁灭的同时，也危害自己的家庭。吸毒曾导致大量家庭悲剧的发生。人一旦吸毒成瘾，就会人格丧失、道德沦丧，家庭中出现一个吸毒者，就意味着贫困和矛盾围绕着这个家庭，结局往往是倾家荡产、家破人亡。通过梳理前面几个案例，可以看出毒品给家庭带来的危害主要有以下几个方面：

（1）吸毒对家庭成员造成精神摧残，带来痛苦、暴力、争吵。家庭中只要有一个吸毒人员，这个家庭就会失去宁静、和谐、幸福和快乐。

（2）吸毒导致倾家荡产、家破人亡、众叛亲离。吸毒需要大量的金钱，一般家庭难以承受，即使是家庭富裕的，大量毒资也会很快使家庭一贫如洗。

（3）吸毒贻害后代。吸毒不仅危害自身的健康，还影响人类的生育能力，父母吸毒对胎儿发育和儿童生长会造成严重伤害。

三、吸毒对社会的危害

从大量的事实来看，吸毒者除了采用贩毒等方法获得毒资，男性吸毒者大多通过盗窃、抢劫、诈骗等犯罪手段获得财物，女性吸毒者较多以色相换取财物。吸食合成毒品后肇事肇祸案件频发，给社会安定带来巨大威胁，毒后乱性的现象也给公共卫生带来严重影响。

【探究学习】

2014 年 10 月，一司机毒驾追尾货车，导致轿车内 5 人死亡。

2015 年 3 月，一男子毒驾并自残，撞伤 7 名路人，毒驾男子身亡。

2015 年 4 月，一男子毒驾撞上对面驶来的面包车，导致 3 人死亡、1 人受伤。

 **知识库**

很多人不知道，其实与酒驾比起来，毒驾要危险万倍。吸毒后，人的精神极度亢奋，甚至产生妄想、幻觉，会导致驾驶人脱离现实场景，判断力低下甚至完全丧失判断力。因吸毒后驾驶机动车引发的交通事故不断增多，特别是导致多人伤亡的恶性交通事故时有发生。

我国《机动车驾驶证申领和使用规定》第十三条第二款规定，三年内有吸食、注射毒品行为或者解除强制隔离戒毒措施未满三年，或者长期服用依赖性精神药品成瘾尚未戒除的，不得申请机动车驾驶证。

【课堂辩论】

同学们，看了上面那些触目惊心的案例，现在请你们谈谈，吸毒对个人、家庭和社会可能造成哪些危害呢？

 知识梳理

以上的案例及资料告诉我们，毒品的危害有以下几个方面：

1. 对个人的危害

吸食毒品会严重摧残人的身体，破坏人体的正常生理机能和新陈代谢并导致多种疾病，还有神经损害而致的各类精神病。

2. 对家庭的危害

吸毒导致大量的家庭悲剧，包括贫困、传染性疾病传播，还有矛盾、冲突、暴力，甚至故意伤害、故意杀人。

3. 对社会的危害

（1）对社会生产力的破坏巨大。吸毒导致的身体疾病会严重影响个人的劳动能力，造成社会生产力的严重流失。

（2）会造成社会财富的巨大损失和浪费，同时毒品活动还造成环境恶化，缩小了人类的生存空间。

（3）毒品活动扰乱社会治安，加剧诱发各种违法犯罪活动和导致疾病传播等恶性后果，给社会治安、公共卫生、公共安全都造成严重危害。

【小结】

同学们，今天我们深入了解了毒品的危害，想想那些丧失人性砍杀亲人的场面，想想那些吸毒造成的各种恶性案件，同学们千万要对毒品保持足够的警惕，不要让它偷走我们的青春、瓦解我们的意志！

有些人认为自己不吸毒，毒品的危害就与自己无关，禁毒就与自己无关，这样的观点是非常错误的。吸毒人员为了筹措毒资，会偷窃抢夺，或吸毒后在药力所致的迷幻、偏执作用下暴力伤害他人，或毒驾撞伤撞死无辜路人，这些都会对我们造成潜在的威胁。可以说，只要身边有吸毒人员，就等于有个定时炸弹。只有积极参与禁毒，才有可能让毒品的危害真正远离我们。

第五课
谁在左右我

　　同学们，你们有没有发现自己上中学后身体和心理上都发生了很大的变化？这是因为你们进入了一生当中最重要的时期——青春期。青春是美好的，但大家在和父母、老师、同学交流的过程中是不是经常会听到"青春期""逆反期"或"叛逆期"等词呢？大家对这样的标签有什么看法？这样的标签对你们的思想、情绪、性格有影响吗？

初二的亮亮是个非常有个性的学生，但因为说话的方式不被同学接受，几次跟人吵架之后就被同学们孤立了。同学们都觉得亮亮为人处世太张扬，不喜欢跟他来往。亮亮觉得孤单，也越来越不爱说话，在班上偶尔跟同学说话也总是带刺，同学们就愈发不喜欢跟亮亮来往。一天放学后，亮亮就没了音讯。家长和老师在手机和QQ上都尝试联系过他，虽然手机能够呼叫，QQ也一直处于在线状态，但始终没人接听或回复信息。

家长报警后，警察很快就找到了亮亮，并把他带回了家。经过了解，亮亮这次离家出走前刚和同学大吵了一架，原因是同学说他假装成熟，但其实很幼稚。

👉 为什么亮亮总是容易和同学起冲突？你有过这样的烦恼吗？

一、"标签"与越轨行为

青春期从十二三岁开始，大部分同学的身体在这个阶段会发生比较明显的变化，同时也会对独立、自尊产生更多的心理期待。当周围的人对这样的心理期待准备不足时，就会将青春期的情绪、想法、行为定义为逆反，或者像对待亮亮一样，贴上各种负面的"标签"。

亮亮跟同学起冲突到离家出走，至少有两个方面的原因：一是这个年龄段的孩子追求个性，喜欢模仿自己觉得有个性的说话方式或行为举止，但没有考虑到这种"个性"会不会刺伤他人；二是进入青春期的孩子独立意识增强，喜欢否定以往的权威、回避大人的干涉，遇事希望自己做主。虽然亮亮出走的起因是他个人的说话方式不被同学认同，但也有个不能忽略的原因——被贴上"为人处世太张扬"的"标签"。

我们在日常学习生活中总会与他人交流互动，这个互动的过程对个人的情绪、想法、性格都会产生一定的影响，甚至影响个人一生的发展。青少年在社会经验不足的情况下，难免会出现这样那样的失误或者行为偏差，如果在这个时候被贴上不好的"标签"，对个人的影响会非常大。

 知识库

标签理论是社会心理学解释越轨行为如何产生及发展的理论。这个理论认为，有些人因为被贴上这样或那样不好的"标签"，会直接导致他们出现违反行为准则、违背价值观念或违反道德规范的行为，而这些行为就叫越轨行为。

【探究学习】

陈伟从小活泼好动，特别喜欢拆装建构类的积木，而且拼装得很好，但因为静不下心学习，所以成绩不太好。上了初中更是出现了打架滋事、逃课等行为。老师们认为他成绩不好，爱惹事，不知上进。陈伟说，其实他自己也不想这样让父母和老师失望，不想被他们看作是坏孩子，想改正，可是又觉得没有人会看得到他的改变，大家都不喜欢他，没有人爱他，总觉得很压抑。

后来，陈伟也因为上课小动作太多被调至教室的最后一排，和一帮"坏孩子"坐在一起。陈伟意识到自己也和这些"坏孩子"一样，不受老师和"好孩子"的欢迎，慢慢地和这些"坏孩子"融为一体，扰乱课堂纪律、作弄老师和同学、逃课等，行为越来越恶劣，慢慢变成名副其实的坏孩子。

　　在学校里，陈伟因为被贴上了"坏孩子"的"标签"，其他同学都不愿意和他交朋友，融入不了班级的陈伟感受到了孤独和冷漠，还没读完初中就辍学了。精神空虚的陈伟非常希望能交到好朋友，便逐渐与邻居朱某熟悉起来。朱某非常有钱，出手大方，经常带陈伟出去"嗨"。一天，在朱某的引诱下，陈伟开始吸食冰毒，并很快染上了毒瘾。

　　因为没有经济来源可供陈伟吸毒，陈伟就开始帮助朱某贩卖毒品，最终陈伟和朱某都被公安机关抓获。

　　陈伟被贴上"坏孩子"的"标签"，他的心理和行为有什么变化？这对他的成长有什么危害？

知识库

　　标签理论认为，当某个人被有社会意义的他人，如警察、老师、父母、同学、朋友等贴上"标签"，描述为偏差行为者或犯罪者时，他就会逐渐成为偏差行为者或犯罪者。当一个人被贴上越轨者的"标签"后，其他人便会对他进行各种推断。负面的"标签"，如认为某人是笨蛋、坏人等，也会使他的自我形象长期受到损害。

　　美国社会学家查尔斯·霍顿·库利在1902年提出"镜中我"理论，

他认为，人的行为在很大程度上取决于对自我的认识，而这种认识主要是通过与他人的社会互动形成的。他人对自己的评价、态度等，是反映自我的一面"镜子"，个人通过这面"镜子"认识和把握自己。他指出，长期生活在自己被认为是"坏孩子"的环境中，当事人会在潜意识里逐渐形成自己是个"坏孩子"的自我评价。这个自我评价会导致当事人产生不同于主流文化的价值观念和行为模式，使他更容易与教唆越轨（如吸毒、贩毒等）的人联系密切，接触的次数越多、越频繁，且接触时的年龄越小，当事人变成越轨者的可能性越大。

"标签"是具有定性导向作用的，贴上的"标签"很容易影响一个人的性格和自我评价，其中，青少年最容易受"标签效应"影响。

被贴上"标签"的孩子，往往不知所措，容易迷失自我，限制大脑的开发和未来的成长。案例中的陈伟最初是因为学习习惯不好，让家长、老师、同学对他形成了"坏孩子"的印象，以致老师将他调至"坏孩子的集中营"来管理。从短期来看，这种将"坏孩子"隔离的管理方式虽然保证了大部分孩子的学习权利，使班级的整体运行良好，但从长期来看，"坏孩子"生活在被忽视的班级环境中，并且始终被戴着"有色眼镜"的同学和老师对待，在自信、自尊上都严重受挫，容易自暴自弃，一旦受到外部诱惑，他们往往比同年龄的人更容易出现越轨行为。

陈伟在"坏孩子"的"标签"影响下，始终无法融入班级的大家庭，始终交不到真心的好朋友，这让陈伟对自己的整个学习生活充满了悲观，孤独的陈伟最后出现了越轨行为——走上了吸毒贩毒的道路。

由此，我们不难发现，"标签"会对我们的心理造成严重影响，并且会左右我们的行为选择。被贴"标签"的孩子往往更容易成为涉毒群体。

然而，我们每个人在成长过程中，都难免会出现家长、老师和同学不喜欢的偏差行为，如在公共场所随地吐了一口痰；也难免会因为某次出错而被贴"标签"，如因为贪心拿了同学漂亮的铅笔而被认为是小偷。那么，我们该如何应对被贴"标签"呢？

二、如何不被"标签"左右

"标签"不一定能客观地反映这个人是什么样的，因为有些"标签"是错误地加给某人的。但是，"标签"却能在一定程度上影响这个人将来会变成什么样子。在这个变化过程中，别人对他越轨行为的反应以及他对别人反应的理解非常关键。在"标签"的影响下，他会自觉或不自觉地朝着别人对他反应评价的方向发展。因为一个人被贴上"标签"后，周围的人往往会对他存在偏见，不容易接纳他，他在正常的社会生活中会非常孤独和苦恼，容易与有同样"标签"的人产生共鸣或受到他们的引诱和拉拢。例如，一个被贴上小偷"标签"的人，往往会受到周围人的怀疑和防范，如果这个人内心不够强大，不能坚守清白或改过自新，就有可能变成真正的惯偷。因此，我们在成长过程中，千万不要轻易给其他同学贴"标签"，避免孤立和排挤同学，给同学造成心灵伤害。当我们被贴"标签"时，一定要积极寻求家长、老师、朋友的帮助，向他们解释自己为什么会做出某些偏差行为，表达自己不想被贴"标签"以及改正行为的意愿。

陈伟的经历令人痛心。从活泼好动到被贴上坏孩子的"标签"，再到被孤立排挤，最后与其他不良人员交往而被引诱吸毒，甚至参与贩毒——这样的过程不仅影响了他整个青春期，而且留下的违法犯罪记录还会影响他的一生。

从陈伟的经历中，我们应该看到哪些值得警醒的点呢？下面就来给大家梳理一下。

进入初中后，同学们就进入了青春期，生理和心理都会发生很大变化，了解这些变化将有助于我们更好地认识自己，从而科学地调节自己的情绪和行为。

第一，身心发生明显变化。不论男生还是女生，从身体、容貌、行为模式，到自我意识、人际交往、情绪特点、人生观等，都逐渐成熟起来。这些迅速的变化，有可能会使我们产生困惑、自卑、不安、焦虑等心理，甚至产生不良行为——这些变化和偶然的不良行为都是我们成长的一种表现，只要不良行为没有伤害他人、没有违反校规、没有违反法律，都是可以修正的。

第二，自我意识开始觉醒。小学阶段，我们在很多事情上还是比较听从父母安排的。进入初中后，身体和心智的成长让我们不想再延续之前的状况，想摆脱大人控制，想按照自己的意愿做事，想彰显自己的个性。当我们的某些想法不切实际或某些行为不合社会规范时，势必遭到家长和老师的劝阻，这个时候，我们不能和大人对抗，要理解他们的好意和关爱，及时调整自己的情绪。

第三，对异性逐渐产生兴趣。进入青春期的同学，除了身体迅速长高，第二性征也会明显出现，开始关注异性，并对异性产生好奇心，这是正常的现象。

第四，容易出现心理焦虑。刚进入初中，每个同学都对自己充满期待，希望在未来的学习中能适应，并且变得更好。原来小学成绩好的更是抱以更大的希望，成绩不好的也希望能够改变，成为好学生。但是，初中的学习更难，要求更高，竞争更激烈，我们的焦虑自然就产生了。考得好的担心自己下次能不能继续保持，考得不好的一方面想奋起直追，另一方面也担心成绩能不能有所提升。随着初三升学压力的到来，我们开始考虑自己的未来，慢慢变得焦虑起来。有些同学平时学习表现还可以，但考试成绩总是不理想，其实这就是心理焦虑的表现；有些同学甚至在中考前莫名其妙生病了，这也是心理焦虑的表现。这种焦虑，很多同学可能都没意识到，却会从行为举止中表现出来，甚至言语之中也会有微妙变化。

从生理到心理的变化是每个人成长过程中必须经历的阶段。在这个阶段，有些男生开始悄悄抽烟、打架，有些男生和女生会模仿成年人开始谈恋爱，以这样的行为方式向周围的世界宣告他们已经成年了，这是心智不成熟的表现。这种不成熟的心智很容易被诱导，出现打架斗殴、集体吸毒等不良行为。

【小结】

要记住，成长是学会控制情绪、把握自己的行为、规划自己的人生。真正的成熟是自我知觉，知道自己该做什么、不该做什么，是知道根据自己所处的环境和人际关系进行角色定位，明确不同角色和行为对自己、家庭及社会发展的直接要义，是知道正常行为与越轨行为之间的差异并从中做出正确的选择。还要记住，要尽可能避免自我角色定位失误，尽可能降低被人误加"标签"的可能性，也不要轻易给其他同学错误标定"标签"。

第六课
行为的边界

通过前面的学习，我们已经认识到毒品不仅危害个人，还危害家庭和社会。只要身边有人吸毒，我们就有可能成为受害者。要防范毒品侵蚀，我们还得知道自己行为的边界在哪儿。

一、法律法规对吸毒行为的相关处罚规定

【探究学习】

2014 年，歌星尹某某因涉毒被群众举报，警方在抓获现场起获甲基苯丙胺（俗称冰毒）等毒品 10 余克。经现场检测，尹某某尿检呈甲基苯丙胺阳性，经审查，尹某某对吸毒事实供认不讳。2015 年 2 月 28 日，尹某某涉嫌非法持有毒品案在人民法院开庭审理。最终，法院以非法持有毒品罪，判处尹某某有期徒刑 7 个月，罚金 2000 元。尹某某出狱 3 个多月后又因吸毒再次被抓。

👉 尹某某花自己的钱吸毒，伤害的是自己的身体，为什么还会受到法律的制裁呢？

我国法律规定，吸毒属于违法行为。吸毒伤害的不仅仅是自己的身体，还会破坏家庭和谐，破坏公序良俗，危害社会安全，当然要受到法律制裁。歌星尹某某除了吸食毒品，还非法持有毒品，所以第一次被抓获时，就被判处了有期徒刑 7 个月。

【探究学习】

2017 年 7 月 25 日 17 时许，公安局巡特警支队民警接群众匿名报警，称有人在某大酒店 1211 房间聚众吸食毒品。民警迅速赶到现场，在房间内查获疑似吸毒人员夏某、叶某、严某和徐某四人，并在房间内找到疑似毒品的白色晶体及锡纸等吸毒工具。

经调查，四名吸毒人员中叶某和严某均为未成年人，24日晚，四人在某大酒店9012房间内吸食"麻果"（即麻古）和K粉。25日，在某大酒店1211房间吸食"麻果"。经检测，夏某等四人甲基苯丙胺、氯胺酮检测呈阳性，四人对自己的违法事实供认不讳。

公安机关对该案的成年人和未成年人分别依照法律的规定进行了处罚。

只要沾上毒品，即使是未成年人，即使是第一次，都会受到法律的惩罚。我国法律分别对初次吸毒、吸毒成瘾、吸毒成瘾严重做出不同的处罚规定。

 知识库

法律法规对吸毒行为的处罚规定：

（1）初次吸毒被查获的，达到法律责任年龄的，会给予治安管理处罚，包括罚款或拘留并处罚款。

（2）对吸毒成瘾人员，公安机关可以责令其接受社区戒毒，同时通知吸毒人员户籍所在地或者现居住地的城市街道办事处、乡镇人民政府。社区戒毒的期限是三年。

（3）若吸毒成瘾人员拒绝接受社区戒毒，或在社区戒毒期间吸食、注射毒品，或严重违反社区戒毒协议，或经社区戒毒、强制隔离戒毒后再次吸食、注射毒品，公安机关可以对其实施强制隔离戒毒。对于吸毒成瘾严重，通过社区戒毒难以戒除毒瘾的人员，公安机关可以直接作出强制隔离戒毒的决定。强制隔离戒毒的期限为两年。

二、法律法规对戒毒的规定

【探究学习】

　　2018年11月26日，公安分局根据群众举报，在某小区查获歌手陈某某吸毒，一同被抓的还有其女友何某，现场还查获冰毒7.96克、大麻2.14克。经毛发检测，陈某某毛发中的毒品含量达到《吸毒成瘾认定办法》第七条规定的吸毒成瘾人员含量标准。因此公安机关裁定让陈某某接受为期三年的社区戒毒。

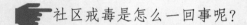 社区戒毒是怎么一回事呢？

 知识库

　　社区戒毒就是吸毒人员在家属、社区干部、公安以及卫生民政部门人员组成的监护小组的监督下戒毒。禁毒社工以"尊重、平等、接纳"的职业理念，通过专业手段，为吸毒人员提供心理康复、行为矫治、困难帮助等人文关怀和教育管理，帮助服务对象恢复社会功能，实践"助人自助"的服务宗旨。

　　一般来说，对以下吸毒人员执行社区戒毒：

　　☆有稳定的工作、生活来源、固定住所等具备帮教条件的吸毒人员或还在上学的吸毒人员。

　　释义：有稳定工作、生活来源、固定住所的人，如果离开居住地戒毒，对个人的工作和生活都会有较大影响。我国对吸毒成瘾人员给予社区戒毒，就是考虑在不影响其工作，不影响其家庭生活的情况下，让吸毒人员顺利戒断毒瘾，这充分尊重了吸毒人员的人格，也体现了政府对吸毒人员的教育和挽救。

【探究学习】

　　陈某与其妻子白某不顾需要哺乳的 5 个月大的女儿，在家吸食毒品，被邻居举报。民警随即传唤陈某、白某接受调查，并从陈某家中搜出少量毒品及吸食、注射毒品的用具。公安机关对陈某做出拘留 10 日的处罚，并处罚金 2000 元，将陈某送去强制隔离戒毒，对白某进行社区戒毒。

　　　👉 白某为什么没有被送去强制隔离戒毒？

☆吸毒人员属于孕妇或哺乳期妇女、不满十六周岁的未成年人、六十周岁以上的老年人、患有严重疾病的人、生活不能自理的人。

　　释义：孕妇和哺乳期妇女，如果不戒毒，就会把毒瘾传给孩子，但她们不适合在关押场所集中戒毒，出于人道主义考虑，对这样的吸毒人员都采取社区戒毒。从保护未成年人的角度考虑，不满十六周岁的人一般不集中戒毒（吸毒成瘾严重，不强制隔离戒毒不足以能戒毒成功的除外），六十周岁以上的老人和有严重疾病的人，因为身体原因也不适合集中戒毒。

【讨论台】

　　民警：吸毒人员在社区戒毒期间，吸食、注射毒品的，或者严重违反社区戒毒协议的，或者毒瘾严重的，或者通过社区戒毒难以戒除毒瘾的，以及经社区戒毒、强制隔离戒毒后再次吸食、注射毒品的，都会受到更严重的惩罚。

学生：他们会失去在社区戒毒的资格吗？

民警：是啊，公安机关可以采取强制隔离戒毒的措施，把他们强制留在戒毒所，帮助他们戒除毒瘾。

学生：希望我和同学们永远都不要过上戒毒所的生活。

民警：特别需要注意的是，未成年人吸毒成瘾，一般是社区戒毒，但如果在社区戒毒期间吸毒成瘾严重的，也同样要被强制隔离戒毒。

三、法律法规对涉毒行为的相关处罚规定

除了吸毒要受到法律的惩罚，还有哪些跟毒品有关的行为也要受到惩罚呢？我们来看案例。

【探究学习】

张某，女，15 岁，曾向顾某（另案处理）贩卖海洛因共 30 克。某日凌晨，张某又携带 73.9 克海洛因欲贩卖给顾某时，被当场抓获。随后，公安机关的工作人员在张某的暂住地查获甲基苯丙胺 93.3 克。

👉 张某贩卖毒品的行为是否构成违法犯罪行为？

从狭义的角度讲，涉毒行为是指除犯罪行为之外的违反治安管理处罚法律规定的涉毒治安违法行为。一个人尽管不吸食毒品，但只要其涉及与毒品相关的活动，如涉及毒品原植物的种植，毒品的走私、贩卖、

运输或制造，教唆、引诱、欺骗、容留他人吸毒等行为，都是涉毒的违法犯罪行为，都会受到法律的制裁。

 知识库

《中华人民共和国刑法》（以下简称《刑法》）第十七条规定，已满十六周岁的人实施毒品犯罪，应当负刑事责任；但是已满十四周岁不满十六周岁的人，犯贩卖毒品罪的，也应当负刑事责任。

《刑法》第三百四十七条规定，走私、贩卖、运输、制造毒品，无论数量多少，都应当追究刑事责任，予以刑事处罚。

走私、贩卖、运输、制造毒品，有下列情形之一的，处十五年有期徒刑、无期徒刑或者死刑，并处没收财产：

（一）走私、贩卖、运输、制造鸦片一千克以上、海洛因或者甲基苯丙胺五十克以上或者其他毒品数量大的；

（二）走私、贩卖、运输、制造毒品集团的首要分子；

（三）武装掩护走私、贩卖、运输、制造毒品的；

（四）以暴力抗拒检查、拘留、逮捕，情节严重的；

（五）参与有组织的国际贩毒活动的。

走私、贩卖、运输、制造鸦片二百克以上不满一千克、海洛因或者甲基苯丙胺十克以上不满五十克或者其他毒品数量较大的，处七年以上有期徒刑，并处罚金。

【讨论台】

学生：张某的违法行为属于比较严重的。

民警：是的。张某明知海洛因是毒品而予以贩卖，且数量较大，已构成贩卖毒品罪，要受到刑罚处罚。简单地说，就是要被判刑。虽然我国《刑法》第十七条规定，已满十四周岁不满十八周岁的人犯罪，应当从轻或减轻处罚，但是，受到刑罚处罚的，都会记入个人档案，对将来升学、就业都会有一定影响。

【探究学习】

　　文某，1994年9月10日出生，在2012年10月10日6时30分许，带毒品到某酒吧吸食。在娱乐结束后，文某到该酒吧停车场准备开车回家时，被公安机关抓获，当场从其身上缴获毒品可疑物4包。经鉴定，4包可疑物（合计净重49.4克）为毒品甲基苯丙胺。

 知识库

　　《刑法》第三百四十八条规定，非法持有鸦片一千克以上、海洛因或者甲基苯丙胺五十克以上或者其他毒品数量大的，处七年以上有期徒刑或者无期徒刑，并处罚金；非法持有鸦片二百克以上不满一千克、海洛因或者甲基苯丙胺十克以上不满五十克或者其他毒品数量较大的，处三年以下有期徒刑、拘役或者管制，并处罚金；情节严重的，处三年以上七年以下有期徒刑，并处罚金。

【讨论台】

　　问：文某因吸毒被警方抓获时，是否已经达到《刑法》中所说的刑事责任年龄？你觉得文某的行为会受到怎样的处罚呢？

答：当时被告人文某已满十八周岁，超过《刑法》规定的毒品犯罪中负刑事责任年龄下限。明知是毒品甲基苯丙胺而非法持有，其行为已构成非法持有毒品罪。文某非法持有毒品49.4克，且情节严重，依法应判处三年以上七年以下有期徒刑，并处罚金。

上述案例告诉我们，跟毒品有关的任何行为都会受到法律的制裁。但是有时候，并不是我们主动去招惹毒品，而是毒品找上门来，遇到这种情况该怎么办呢？除了想办法拒绝，我们还可以拿起法律武器来保护自己。

情景一：如果你被毒贩引诱吸毒，该怎么办？

《刑法》第三百五十三条规定，引诱、教唆、欺骗他人吸食、注射毒品的，构成引诱、教唆、欺骗他人吸毒罪，处三年以下有期徒刑、拘役或者管制，并处罚金；情节严重的，处三年以上七年以下有期徒刑，并处罚金。引诱、教唆、欺骗或者强迫未成年人吸食、注射毒品的，从重处罚。

遇到毒贩引诱吸毒时，应当立即拒绝，并找借口迅速远离，在保证自身安全的情况下报警。

情景二：在车站，有陌生人让你帮忙携带物品，结果警察发现你帮他人携带的物品是毒品，这时候该怎么办？

遇到陌生人让帮忙携带物品，应该立即拒绝，并建议他向车站工作人员寻求帮助，因为这可能是毒贩在利用你帮助他们携带毒品。如果你事先明知是毒品而携带，将会受到法律的制裁；即使事先不知道是毒品而携带，也会给自己带来不少麻烦。

　　吴某在其 18 岁生日当天，邀请朋友一起到 KTV 开房庆祝生日，吴某觉得请人吸毒是有钱人的象征，于是就提供了一些 K 粉给朋友吸食，后被 KTV 管理人员发现并报警。经查，吴某邀请的人里有两名未成年人，根据法律规定，吴某的行为构成容留他人吸毒罪，应受刑罚处罚。

【讨论台】

　　问：为什么说吴某的行为构成了容留他人吸毒罪？

　　答：一是吴某达到了刑事责任年龄；二是 KTV 包房是吴某出钱开的，这属于我们国家法律规定的"提供场所"行为；三是一次容留多人吸食毒品；四是容留对象里面有未成年人，属于容留他人吸毒罪的情形之一。因此，吴某的行为构成了容留他人吸毒罪。

 知识库

　　容留他人吸毒是指为他人吸食、注射毒品提供场所的行为。《刑法》第三百五十四条规定，容留他人吸食、注射毒品的，处三年以下有期徒刑、拘役或者管制，并处罚金。

《最高人民法院关于审理毒品犯罪案件适用法律若干问题的解释》

　　第十二条　容留他人吸食、注射毒品，具有下列情形之一的，应当依照刑法第三百五十四条的规定，以容留他人吸毒罪定罪处罚：

（一）一次容留多人吸食、注射毒品的；

（二）二年内多次容留他人吸食、注射毒品的；

（三）二年内曾因容留他人吸食、注射毒品受过行政处罚的；

（四）容留未成年人吸食、注射毒品的；

（五）以牟利为目的容留他人吸食、注射毒品的；

（六）容留他人吸食、注射毒品造成严重后果的；

（七）其他应当追究刑事责任的情形。

 实战演练

请判断下列说法的对错。

1.吸毒花的是自己的钱，损害的是自己的身体，不犯法。

　　　对　　　　　错

2.吸食摇头丸、K 粉、麻古是一种时尚，同学、朋友聚会弄点摇头丸、K 粉吃吃，既开心也不犯法。

　　　对　　　　　错

3.吸食毒品成瘾的，国家要对其实施社区戒毒或强制隔离戒毒。

　　　对　　　　　错

4.《刑法》规定，走私、贩卖、运输、制造毒品，无论数量多少，都应当追究刑事责任。

　　　对　　　　　错

5.《刑法》规定，走私、贩卖、运输、制造毒品的主体只有满十六周岁才需要负刑事责任。

　　　对　　　　　错

【思考一】禁毒是否只是公安机关的事？

同学们，公安机关肩负着打击违法犯罪的重任，是禁毒工作的中坚力量。但是，禁毒不仅仅是打击违法犯罪，还包括其他方面的工作，比如我们个人不吸毒，不靠近毒品；看见身边有人吸毒，及时劝解或报警。这些都是禁毒的体现。因此，禁毒人人有责。

【思考二】如果你被强迫吸毒了，会不会受到法律的制裁？

在生活中，不排除有同学因误交朋友而被强迫吸毒的情况。如果确实是被强迫吸食了毒品，一定要第一时间告诉家人，并且在安全的情况下选择报警，因为从保护弱者的角度出发，法律对于被强迫吸毒的人是不处罚的，而对于强迫他人吸毒的人则要给予法律制裁。因此，为了自己的身心健康，在被强迫吸毒后，要第一时间告诉家人或老师，以尽快得到帮助和治疗，不要误认为可能会受到法律惩罚而选择隐瞒，这样不仅会耽误治疗的时机，还会让犯罪分子逍遥法外。

【小结】

同学们，我们在这一课中学习了我国行政法律和刑事法律对吸毒、贩毒、非法持有毒品和容留他人吸毒的处罚规定。这些条文，只是我国法律中关于毒品违法犯罪行为处罚的一小部分。《刑法》规定了走私、贩卖、运输、制造毒品等12项涉及毒品犯罪的行为，应受到刑罚处罚；《禁毒法》《治安管理处罚法》等法律法规规定了吸食、注射毒品等30种行为应受行政处罚。大家要记住的是，为了让我们的未来有更广阔的发展空间和平台，一定要守好行为的边界，一切与毒品有关的违法犯罪行为，我们都不要参与，让我们坚决远离毒品！

第七课

他们怎么了

近年来，关于未成年人涉毒的事件在各类媒体上屡有报道，从这两年公布的中国毒品形势报告来看，未成年吸毒人员占比在 0.4%～0.9%。毒品离中学生究竟有多远？我们能识别出毒品吗？你觉得吸毒的原因是什么？哪一类人更容易沾染上毒品？如何让自己远离毒品？

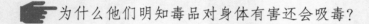
知识库

最近的统计数据显示，我国吸毒人员有逐渐低龄化的趋势。在二三十年前，青少年吸食毒品主要是因为对毒品的危害不了解或者了解不多，但现在青少年吸毒的主要原因并不都是好奇，而是明知有害，但出于无聊且相信不会上瘾而沾染毒品。

一、染毒的个人原因

明知毒品对身体有害还会吸毒的原因可以归纳为几个方面：

1. 易被社会不良现象影响，并存在一定的家庭教育缺失

在某些销售网站上，竟然有大麻叶子图案的衣服在出售，还有一行英文"stay smokin everyday"，翻译过来是"坚持每天都抽（大麻）"的意思。这些衣服如果经常被人们穿在身上，那青少年看到了真的大麻，还会觉

得这东西有很大危害吗？

自控力和辨别力差、法律意识淡薄、涉世不深等因素，让一些未成年人易受不良环境的影响，从而走上吸毒之路。同时，家庭教育缺失也是导致未成年人吸毒的原因之一。一些未成年人的父母或离异或长期不在身边，在缺乏家庭关爱和管教的情况下，往往容易受到别有用心之人的引诱去吸食毒品。

2. 好奇心用在错的地方

对新鲜事物有强烈的好奇心是青少年的特点之一。在许多情况下，好奇心能够激励青少年思考和创新。如果对毒品感到好奇，能抱着求知的态度深入了解毒品是好的，但抱着"找一下吸毒的感觉""抽着玩玩""尝尝新鲜""我只想知道吸毒是怎么回事""偶尔吸一口不要紧"等心态，就好比在悬崖边抬脚试崖底有多深一样危险，这种心态和行为是不可取的。

3. 忽略了毒品的成瘾性、耐受性

有一些人明知道是毒品，但认为别人吸毒才会上瘾，而自己不会。他们不知道依赖性、成瘾性是所有毒品的基本特性，无论吸食哪种毒品都会成瘾。还有人认为吸毒上瘾很容易戒断。其实，一朝吸毒终生难戒。世界上不存在戒毒特效药，戒毒异常困难。

除了成瘾性，耐受性也是毒品的一个重要特征。毒品的耐受性，简单来说，是指吸毒人员对毒品的敏感度逐渐降低，需要更大剂量才能达到原有效果。中南大学实验室的研究人员曾经用大白鼠做过实验，发现在使用毒品一段时间后，需要给大白鼠增加毒品的用量才能使之达到与之前相同的成瘾效果。吸毒人员在成瘾后，也会发现自己的用药量会随着时间的推移逐渐增加，最后完全不受控制。

【讨论台】

学生：警察叔叔，我们每个学期都上毒品预防教育课，为什么这几年还会陆续听到不少学生涉毒的案件呢？他们学校不上毒品预防教育课吗？

民警：按照国家的规范要求，从小学五年级到高中二年级，我们每个学期都会给学生上毒品预防教育课。

学生：既然都上了课，为什么有些学生还会吸毒呢？

民警：在校生的涉毒案件中，除了有吸毒行为，还有运输毒品、贩卖毒品、容留他人吸毒等行为。在校生涉毒的原因是多方面的，除了前面说的个人原因，还有很多其他原因。下面我们来了解一个案件吧。

【探究学习】

黄某是某职校的学生，吸毒前的体重有120斤。当时身边不少女孩都认为体重上三位数是件非常丢人的事，黄某因为肥胖，就常常成为同学们嘲笑的对象。黄某为了减肥也开始尝试各种办法，听同学说"溜冰"（吸食冰毒）可以迅速减肥，就从同学那里购买了冰毒。吸食冰毒后，黄某的确在短期内迅速瘦了下来，但也染上了毒瘾。她不仅严重脱水，出现黑眼圈，而且每天出虚汗，甚至还曾在校园内晕倒。

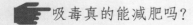 吸毒真的能减肥吗？

知识库

为了减肥而吸毒的情况在女性吸毒人员中并不少见。毒贩把毒品说成是特效减肥药，这对于那些一心想减肥的人来说，有巨大的吸引力。

吸毒能减肥是个伪命题。科学的减肥应该是减脂增肌，是具有美感的健康、健美。不少吸毒人员说吸了毒之后可以两三天吃一顿饭，或者一天只吃两个水果也不饿，导致许多人误以为吸毒可以减肥、可以变得苗条。

有些毒品除了对中枢神经有兴奋、抑制、致幻作用，还会作用于胃肠道，影响营养吸收。毒品是可以让人瘦，但是那种瘦是病态的，还会让身体受到不可逆的损伤，甚至付出生命。吸毒不仅损害容貌和身体，还摧残人的意志。吸毒一旦上瘾就难以戒除，并不像有的人想的，吸毒像减肥，减到 90 斤就能停下来。吸毒成瘾之后想停也停不下来，最终会毁了自己。

二、染毒的社会原因

【探究学习】

2013 年 11 月的一个晚上，曾某和刘某把初中女生琪琪和涵涵叫到自己的出租屋，两个女孩以为是普通的朋友见面，没多想就去了。琪琪和涵涵在出租屋玩了一会儿电脑后，见天色已晚便提出要回家，但曾某说要请她们去唱歌，到时候再送她们回去。到了 KTV，曾某和刘某就有目的地一直灌琪琪和涵涵喝酒，两个女孩都喝醉了。曾某和刘某又带着两个女孩回到自己的住处，拿出毒品，把锡箔纸、吸毒工具摆了出来，开始吸食毒品，并诱骗琪琪和涵涵一起吸毒，说吸这个东西醒酒快，很舒服。就这样，琪

琪和涵涵稀里糊涂就吸食了毒品。随后曾某和刘某就带着两个女孩去宾馆开了房。进入房间后，刘某和曾某说要和她们"交朋友"，还对琪琪和涵涵动手动脚，她们稍作挣扎反抗，曾某就威胁她们说："你们已经被监视了，如果不发生关系，就会被抓起来。"

琪琪和涵涵未满14周岁，不仅被引诱吸毒，还被曾某和刘某强奸了。尽管曾某和刘某最终受到了法律制裁，但两个女孩的人生也因为这个晚上的遭遇而被改写了。

☞ 琪琪和涵涵的案例给了我们什么启示？

琪琪和涵涵这两个未满14周岁女孩的遭遇很令人痛心，反观整个案件发生的过程，有以下几点值得初中生警醒。

一是不该在没有成年人陪伴的情况下，晚上到异性的出租屋。

琪琪和涵涵已经上中学了，这个年龄段的学生内心渴望得到关注，社交范围会逐渐扩大，但交朋友一定要有所选择。一旦女孩和异性相处，在没有监护人、亲属或老师陪伴时，一定要提高警惕，以防越界行为发生。

二是不该跟曾某和刘某去娱乐场所。

我国《娱乐场所管理条例》规定，歌舞娱乐场所不得接纳未成年人。娱乐场所应当在营业场所的大厅、包间等的显著位置悬挂含有禁毒、禁赌、禁止卖淫嫖娼等内容的警示标志、未成年人禁入或者限入标志作为警示，对难以辨别是否已成年的，应当要求其出示身份证件。对于接纳未成年人的娱乐场所，要由县级人民政府文化主管部门没收违法所得和非法财物，并处违法所得 1 倍以上 3 倍以下的罚款；没有违法所得或者违法所得不足 1 万元的，并处 1 万元以上 3 万元以下的罚款；情节严重的，责令停业整顿 1 个月至 6 个月。

从《娱乐场所管理条例》的规定来看，未成年人是不允许进入娱乐场所的，哪怕家长带着子女去 KTV 唱歌，也要被禁止或劝阻，琪琪和涵涵更不该跟两个所谓的朋友去 KTV。

三是不该喝酒，甚至酗酒。

《中华人民共和国未成年人保护法》第三十七条规定，禁止向未成年人出售烟酒。根据此条规定，在外就餐时也不准给未成年人提供酒品。因此，曾某和刘某让琪琪和涵涵喝酒，甚至让其喝醉的行为已经触犯了法律。

未成年人还处在长身体的阶段，大脑以及肝脏发育不成熟，对于外界刺激比较敏感。酒精作为一种精神活性物质，会对大脑产生很强的刺激作用，在体内主要靠肝脏分解。在大脑和肝脏没有发育成熟之前摄入大量酒精，会对机体产生较大危害，如会导致智力发育迟缓等。喝酒后，人的大脑会变得迟钝，判断力会下降。这时不法分子就可能利用一些毒品能溶于酒精的特点，让你在不知不觉中吸食毒品。

四是不应受"醒酒快"的诱骗吸食毒品。

毒品都会穿上华丽的"外衣"，贩毒人员在引诱吸毒时也不会说："这是毒品，你试试看。"他们会投你所好，想尽各种借口或办法让你对毒品产生兴趣，你一旦吸食就难以戒除了。青少年涉世未深，容易轻信他人。毒贩经常会利用青少年的这一特点，或将毒品掺入饮料、糖果等食物中，或将毒品制作成印有青少年喜爱的卡通形象的药片，或把毒品冒充药品哄骗青少年服用。不少青少年就是在不知情的情况下，被他人蒙骗而沾染上毒品的。

初中是个人身体发育和心智发展的关键时期，不少学生独立意识逐渐增强，这时他们与家人相处、与同学交往时产生的矛盾会被放大，从而产生更大的冲突。这个阶段无论男生女生，情感需求的天平会向学校与社会倾斜，产生更大的依赖，一旦交到坏朋友，后果就不堪设想。因此，我们要和诱骗吸毒的"朋友"彻底断绝关系。他能拉你去吸第一次毒，就会有第二次、第三次……如果不能当断则断，那么后果将会很危险，他会再三怂恿你尝试吸毒，直到你上瘾。这样的"朋友"最好交给警察处理。

三、染毒的其他原因

除了上面几个案例提到的染毒原因，青少年染毒还有以下几种原因：

1. 寻求刺激

青少年喜欢冒险，一些具有挑战性和刺激性的活动对青少年很有吸引力。通常情况下，一些青少年为了满足自己短暂的心理需求，会不计后果地尝试危险性较强的活动，以获得感官满足和心理满足。于是有些青少年会尝试吸毒，以此来作为一种追求刺激的方式，最终付出了惨重的代价。

2. 逃避现实

青少年社会经验少，自我控制能力较差。在这个特殊时期，有的青少年一旦遇到父母离异、家人失业、亲人去世、人际冲突、升学受阻等变故或挫折时，往往会出现情绪低落、意志消沉、精神空虚等情况。为了摆脱心理压力，有的青少年竟然相信"毒品可以消愁、解闷和减轻压力"等谎言，想用吸毒来麻痹自己，逃避现实，然而这只能使自己搭上死亡的"快车"。

3. 逆反作对

有些青少年在受到家长忽视、冷落时，很容易产生逆反心理。比如，家长不让孩子与那些有不良行为习惯的青少年来往，孩子偏要赌气与他们厮混在一起，一块儿抽烟、喝酒，甚至吸毒。

此外，还有两类染毒的原因，一类是被强迫、欺骗、引诱吸毒，另一类是医源性滥用导致吸毒。

初中阶段是人成长的关键时期，这时如果你尝试了毒品，就很有可能完全改写了自己的人生。因此，我们要明晰染毒原因，让自己远离毒品。

实战演练

请判断下列说法的正误。

1. 偶尔吸一次毒不会上瘾。

正确　　　　　　　　错误

【注释】千万莫尝第一口！

2. 吸毒上瘾，很难戒除。

正确　　　　　　　　错误

【注释】一朝吸毒，终生难戒。世上不存在戒毒特效药，吸毒成瘾后，戒毒异常困难。

3. 吸食摇头丸、K 粉不上瘾。

正确　　　　　　　　错误

【注释】摇头丸、K 粉的依赖性主要体现在心理依赖。吸毒者在心理上所产生的依赖效果和感受甚至比吸食海洛因还要强烈，会产生顽固的"心瘾"，这是一般人所认识不到的。

4. 别人吸毒会上瘾，但自己不会。

正确　　　　　　　　错误

【注释】依赖性是所有毒品的基本特性，吸食毒品都会上瘾。

5. 可以通过吸毒来减肥。

正确　　　　　　　　错误

【注释】以吸毒来减肥是错误的做法。吸毒人员体态消瘦是一种病态。

6. 我不吸毒，也需要了解毒品防范知识。

正确　　　　　　　　错误

【注释】有的人正是因为不了解、不知道而误入吸毒歧途的，不吸毒的人正是需要预防和保护的对象。

7. 种植罂粟来观赏不犯法。

正确　　　　　　　　错误

【注释】罂粟是制造鸦片、海洛因等毒品的原植物，国家对罂粟种植实行严格管制，只批准在限定区域内种植罂粟用于医疗。非法种植的依法处以拘留、罚款。对种植500株以上、经公安机关处理后又种植并抗拒铲除的，要依法追究刑事责任。

8. 有钱人才可能吸毒。

正确　　　　　　　　错误

【注释】不只是有钱人才可能吸毒，只能说吸毒需要耗费大量钱财。

9. 吸毒是违法行为。

正确　　　　　　　　错误

【注释】吸毒会触犯我国法律，吸毒人员既是违法者，也是毒品的受害者，从医学的角度看，又是特殊的病人。我们要远离毒品，不做违法犯罪的事。

10. 在娱乐场所，以"奶茶包""咖啡包"等外包装出现的物质，也有可能是毒品，需要提高警惕。

正确　　　　　　　　错误

【注释】在娱乐场所容易出现伪装过的毒品，伪装的毒品会以日常生活中常见的商品包装形式出现，如"奶茶包""咖啡包""糖果""果冻""邮票"等。在娱乐场所发现此类物质，一定要提高警惕，拒绝品尝。

11. 禁毒只是国家的责任。

正确　　　　　　　　　　错误

【注释】禁毒不仅仅是国家的责任，也是全社会的共同责任。

【推荐阅读】

毕淑敏《红处方》

这是一部从心灵视角深刻揭露吸毒人群罪与罚的长篇小说。书中揭示的毒品与吸毒者的真相，令人不寒而栗，深受震撼。

美丽文雅的军医简方宁转业之后，应聘到一家戒毒医院任院长。她怀着深厚的人文关怀，拯救了不少迷途知返的吸毒者。医院的影响不断扩大，简方宁带有独创性的中药戒毒方案的研究实施也已初见成效。就在这时，一个名叫庄羽的女吸毒患者暗设机关，使女院长也染上了根本无法戒除的毒瘾。简方宁有崇高的理想，有高尚的灵魂，受到此种致命的打击，当然不能也不愿作为一个不能感知欢乐与痛苦的苟活者偷生于世，于是毅然决然地以自杀的方式去殉自己圣洁的事业，以此昭示人类的意志是远超于毒品之上的强力。在整个事件的发展过程中，简方宁的好友沈若鱼以一个"特殊患者"的身份潜入医院，窥见了形形色色的吸毒者及其演出的光怪陆离的故事，同时也看到了自己好友高洁的情怀与博大的胸怀，在参加完好友的葬礼后，沈若鱼决定继续简方宁的事业，完成她的未竟之志。

【推荐观看】

纪录片：《中华之剑》《凤凰路》。

电影：《湄公河行动》《扫毒》《门徒》。

电视剧：《破冰行动》《永不瞑目》《黑冰》。

【小结】

同学们，今天我们通过一些案例了解了青少年染毒的原因。有些案例可能看起来过于惨烈，但只有了解黑暗，我们才能知道怎样去应对它；只有认识黑暗，我们才能创造光明。大家千万要记住，在毒品面前，从来都没有不成瘾的例外，千万不要因为一时逞能、一时不快去尝试毒品。

第八课
一起来说"不"

　　亲爱的同学，通过前面的学习，我们已经清楚地知道要对毒品坚决说"不"了。可是，你知道毒贩会怎样引诱人吸毒吗？你知道生活中有哪些行为可能会导致误服毒品吗？我们如何有技巧地对毒品说"不"？

一、毒贩引诱吸毒的常用伎俩和应对策略

【情景一】

毒贩甲："哥们儿，来点吧！这可是上等货。"

男生："这不是毒品吗？你当我没脑子呀？我才不上当。"

毒贩乙："你敢说我老大没脑子？那是看得起你才把珍藏的上等货拿出来，你不要给脸不要脸。"

毒贩甲："兄弟，在手下面前给我点面子呗。"

男生："哈，面子？面子值多少钱？我可不愿为你的面子搭上我的性命。"

毒贩甲："今天就让你搭上性命！"

男生遭到毒贩的痛打。

【情景分析】

拒绝吸食毒品是对的，可如果男生却为此搭上性命，多么令人痛惜！我们该如何吸取教训呢？

在以上情境中，男生正处于劣势，却还用言语激怒对方，没有注意拒绝的技巧，最终使自己遭受不必要的伤害。拒绝别人是要有技巧的，与普通人交往，我们尚且要注意说话的方式方法，在面对迫切要拉你下水、心狠手辣的毒贩时，我们更需要懂得说话的技巧，切不可直接用言语刺激对方。拒绝时，语气必须坚定、果断、简单有力，并且言行一致，或直接礼貌地拒绝，或间接转移话题并找借口离开。拒绝吸毒的同时也要保护好自己。

【情景二】

记者："今年多大了？"

男生："17 岁。"

记者："用什么入（戒毒）所的？"

男生："摇头丸。"

记者："用之前知道是毒品吗？"

男生："知道，但在入所之前我不觉得它是毒品。"

记者："为什么？"

男生："因为人家都说这个摇头丸是不会上瘾的，而且开始又不用花钱，他们（毒贩）说要不要试试，没什么的，吃了就是高兴。"

【情景分析】

免费试用，是毒贩引诱吸毒最常用的伎俩。"免费的午餐"加上从未有过的体验，往往就是引诱吸毒最有效的方法。多数吸毒者初次吸食的毒品都是由毒贩或其他吸毒人员免费提供的。等你上瘾后，毒贩再高价出售毒品给你。这时候，你欲罢不能，出多少钱都愿意买，为了筹集毒资什么事都愿意做。从此，你也就彻底走上了人生的不归路。

知道什么是毒品，不只是要知道毒品的名字，还得知道吸毒极易成瘾，知道毒瘾极难戒断，知道吸毒危害极大，知道吸毒是违法犯罪行为，要受到极为严厉的法律制裁。

对于陌生人的馈赠，我们要保持足够的警惕，不要因为贪图一时便宜，而坠入毒品的深渊。

【情景三】

警察："同学们，你们认为，交朋友有什么讲究吗？"

薇薇："我知道，不要跟坏人交朋友。"

警察："可是，你怎么知道谁是坏人呢？坏人的脸上又没有写着'坏蛋'

两个字。有可能你看到的他讲义气又大方，有人欺负你还为你挺身而出，你没钱的时候，他给你钱，他的表现会让你觉得他是一个可以信赖的朋友呢。"

薇薇："人那么复杂，我怎么分辨呢？"

警察："那就要留个心眼仔细观察了，要看看和他交往的都是什么样的人。近朱者赤，近墨者黑。如果你发现有不对劲的地方，就要与他保持距离。要知道，无论是在学校还是在校外结交的朋友，只要交往的人中有一个吸毒，他身边的人染毒概率就会大大增加。"

薇薇："对朋友留那么多心眼合适吗？"

警察："这就要看你交的是什么朋友了。若是良友益友，自己跟着他们也能不断进步，不断成长；若是损友，自己又好赖不分，在虚荣心的驱使下，就很容易受到同伴的影响。他们若是吸毒，你也很容易被毒品侵蚀。一些毒贩为了拉人下水，会千方百计和你交朋友，想尽办法来引诱你吸毒，所以在交朋友方面，要擦亮自己的双眼。当然，还有一个最重要的方面，想知道是什么吗？"

薇薇："是什么呢？"

警察："是要做好你自己。如果你的内心充实、心态平和，就不需要借助外在的刺激。你说对吗？"

薇薇："是的。"

警察："毒贩会经常向不吸毒的人吹嘘毒品的好处，比如毒品可以治病，毒品可以消愁，毒品可以减肥，等等。"

薇薇："减肥？你都不知道胖人的烦恼，同桌嫌你挤着他，没人愿意跟你玩，男同学叫你'猪'，漂亮衣服的尺码都那么小，就因为肥胖，我的青春都是灰色的……"

警察："肥胖不是你的错，只是每个人的审美标准不同，肥胖的人也不要因此而自卑。在主流审美观的影响下，身材好的人更容易获得自信。而要想身材好，最好的方法就是控制饮食，并通过有效的锻炼降低体脂率，这样才能塑造更好的形体，但千万不能盲目相信他人所谓的减肥秘方。有人说吸毒能减肥，很多人没能抵御这个诱惑而上当受骗，因为他们的心理弱点被别人抓住了。毒贩还会为不同的心理弱点准备说辞：遇见皮肤不好的，就说吸毒能美白、能治青春痘；看见想提高成绩的，就说吸毒能增强记忆力、能让人专心；觉得跟同学关系处理不好的，就说吸毒能忘掉烦恼；等等。总有一个谎言能直击你最渴望弥补的不足。"

薇薇："那我们该怎么办呢？"

警察："毒贩的谎言很容易让人失去分辨能力，这就需要我们提高警惕。学会分析自己最在意的缺陷，思考应该通过什么方式才能正确弥补，不要相信毒品能帮助提升自己之类的谎言。同时还要记住，成功没有捷径，所有的成功背后都要付出无数的汗水。还要记住，现在新精神活性物质太多了，这些东西和毒品一样，会严重危害人的身心健康，会损害大脑、降低免疫力，甚至导致死亡，所以千万不要乱用药品或者保健品。"

【情景分析】

女孩子心思比较细腻，在意的问题比较多。在这段情境中，警察跟薇薇讨论的话题有以下几个方面：一是交友要有选择，不要结交对自己人身安全、健康成长有潜在威胁的人；二是要做一个内心充实、心态平和、不借助外在刺激而生活的人；三是好身材只能从控制饮食和有效的锻炼得来；四是要认真思考自己最在意的缺陷要通过什么方式才能弥补；五是牢记成功没有任何捷径。只有这样，我们才能有效地构筑抗击毒品的心理防线。

【情景四】

浩浩:"陶子,我这有好东西,请你尝尝。"

陶子:"这是什么呀?"

浩浩:"别问那么多了,吃了你就知道了嘛。"

陶子:"不行,我要现在知道!"

浩浩:"好吧,这是鼎鼎大名的摇头丸!"

陶子:"你要我吃毒品呀?不要!我不要吃,吃了会上瘾的……"

浩浩:"不会啦!你看我不是好好的。"

陶子:"浩浩,我现在比较想吃汉堡包,我们一起去吃怎样?"

浩浩:"我不想吃!"

陶子:"那我自己去吃了。"

【情景分析】

同学们,当你对别人递来的物品有疑惑且不想接受时,你可以试着像陶子这么做。这样有技巧地拒绝,不仅可以帮助你维持友谊,也可以让你避免卷入错误与麻烦之中。

这种技巧主要包括以下五个步骤:

(1)提出问题;

(2)指明错误或麻烦;

(3)确定行为的后果;

(4)建议替代活动;

(5)离开并预留后路。

【情景五】

男生一:"唉,好烦,一大堆的作业做都做不完。"

男生二："那你想爽一下吗？我这有东西（摇头丸）可以让你忘了烦恼哦。"

男生一："真的吗？这东西会不会上瘾呀？"

男生二："你很怕死啊，你看我现在还不是好好的？"

男生一吃完以后一直不停地疯狂舞动身体。

男生一："糟糕，怎么感觉越来越难受，我得想想办法。强哥，给我一点可以吗？不吃我会死的。"

男生二："没钱就别来找我，这个很贵的，要吃自己去买。"

【情景分析】

生命对于每个人都只有一次，它不仅属于自己，也属于父母、亲人和社会。一旦沾上毒品，你不仅会失去健康，还将成为毒品的奴隶、家庭的负担、社会的累赘，甚至失去自己的生命。若遇到以上类似的情况，我们应当从一开始就坚决、果断地拒绝别人递过来的毒品。防毒拒毒不仅仅是在保护我们生存的环境，更是在保护我们自己，保护我们的家人。

二、远离毒品的小妙招

同学们，通过本课的学习，我们了解了一些毒贩引诱他人吸毒的常用伎俩。远离毒品，需要一点一滴从培养良好的生活习惯开始。下面再给大家介绍一些远离毒品的"招数"。

1. 摒弃不良习惯

国外一些学者认为，大多数吸毒人员都是从吸烟、喝酒到接受毒品的渐进方式发展起来的——这就是闸道理论（gateway hypothesis）的主要观点。他们认为，从接受合法成瘾性物质到大麻类的软毒品，再到冰毒、海洛因类的硬毒品是有一个行为发展过程的。支持这个观点的学者认为，抽烟、喝酒的习惯会让人为了追求更大的感官刺激而走上吸毒的不归路。因此，拒毒的最基本方法就是要自始至终摒除不良习惯。经常熬夜、日夜颠倒等不规律的生活作息，也会间接带来不良影响。

2. 善用好奇心

每个人都有好奇心，但是好奇的对象和程度却是不同的，这取决于个体和情境。如果把好奇心用在钻研知识上，就对我们的安全健康成长有益，但对毒品就不要存在好奇心，因为毒品造成的心理依赖非常难戒。吸毒成瘾的人，生理瘾癖的戒除基本上一个月左右就可以完成，但心瘾戒除却需要终生。不少人一旦有条件又会再度找毒、吸毒。因此，千万不要出于好奇心，或自认为"意志过人""绝不会上瘾"而以身试毒。

3. 珍爱自己，寻找合适的情绪舒解方法

吸毒损害的是自己的健康、生命与尊严。懂得尊重自己是对自己的生命负责，千万不要碍于情面或讲朋友义气而接受朋友的引诱与怂恿去吸毒。

人生不如意事十之八九，人总难免会有情绪低落、苦闷沮丧的时候。这时候寻求舒解、宣泄是必要的，但方法应该是正当健康的，比如听音乐、歌唱、朗读，或者看电影、运动、找朋友倾诉等，千万不要因为一时的空虚就靠毒品来舒解。

4. 树立正确的用药观念和习惯

健康的身体及饱满的精神，必须靠适当的营养、运动与休息来维持。人类发明药物、研制药物是为了减轻疾病带来的痛苦，用药物治疗疾病，或者缓解症状，都是必要的，但要想用药物来提神或者减肥，只不过是预支精力、透支生命的愚笨行为。有些毒贩利用人性的弱点，会在提神口服液或减肥药中掺入毒品来提升销量。因此，我们不要随便听信夸张的药效，不要使用这些物品。

5. 远离是非场所

据统计，游戏厅、KTV、酒吧、舞厅等娱乐场所是吸毒者和贩毒者最常出现的地方，贩毒者往往不择手段地在这里设下陷阱，引诱或威胁青少年吸食、注射毒品。远离是非场所，才能活得健康快乐。另外，按照国家法律规定，未成年人不允许进入这些场所，即使有家长陪同也不能进入，我们更不能自己去娱乐场所消费哦。

6. 遇到毒贩时，委婉拒绝并及时离开

当面对毒贩难以推脱的劝说或施加压力时，以自己在意的人不悦为借口拒绝，不失为一种办法。如果找借口拒绝招来嘲笑，则顺着对方的嘲笑，也拿自己开玩笑，达到以幽默的语气缓和不悦气氛的效果。如果以上两种方式都难以推脱，则立即找借口离开。

实战演练

多项选择题

1. 吸毒者引诱青少年吸毒的常用伎俩是（　　　）。

A. 引诱青少年吸烟

B. 给青少年描述毒品（或药品）的神奇功效

C. 给青少年口服含有毒品的药片

D. 引诱青少年喝加有毒品的饮料

2. 贩毒分子主要利用青少年的（　　　）、辨别能力差、意志薄弱等特点，引诱他们吸毒。

A. 上进心理　　　　B. 从众心理　　　C. 好奇心理　　　D. 冲动心理

3. 如果发现自己的同学或朋友吸毒，应该（　　　）。

A. 拒绝他的引诱　　　　　　　　B. 劝说其戒毒

C. 报告老师一起帮助他戒毒　　　D. 四处宣扬并躲避

4.染上毒瘾一般有以下哪种迹象？（　　　）

A.盗窃钱财、物品，或频繁向父母、朋友索要财物或借钱

B.藏有毒品及吸毒工具

C.面色灰暗、眼睛无神、食欲不振、身体瘦削

D.经常无故出入偏僻的地方，与吸毒者交往

5.我们应该这样看待吸毒者（　　　）。

A.吸毒者是社会中的一类特殊群体，他们既是违法者，又是受害者

B.从医学的角度看，吸毒者也是病人

C.不歧视吸毒者，多给他们关爱和鼓励，帮助他们早日戒断毒瘾

D.对他们不理不睬

6.构筑拒毒心理防线——牢记"四知道"是指（　　　）。

A.知道什么是毒品

B.知道吸毒极易成瘾，难以戒除

C.知道毒品的危害

D.知道吸毒是违法犯罪行为，要受到法律制裁

【小结】

　　同学们，这一课我们借助一些情境，了解了毒贩引诱吸毒的方式和远离毒品的方法，这些方法还需要我们稍作练习才能运用得更熟练哦。在活动过程中你觉得最有效的拒绝毒品的方法是什么，也请你写下来发给我们。如果你的对策足够智慧，我们将会在改进版的书里用上你的"秘籍"，让每个人都能看到你的精彩，共享你的智慧！邮箱地址：gxeph@vip.163.com。

　　让我们从现在做起，积极参与学校、社区开展的禁毒活动，远离毒品，珍爱属于我们的美好生命吧！